VOYAGE

D'IBERVILLE

JOURNAL DU VOYAGE FAIT PAR DEUX FRÉGATES DU ROI,

La Badine, commandée par M. D'IBERVILLE, et *Le Marin*, par
M. E. CHEVALIER DE SURGÈRES, qui partirent de Brest le vendredi, 24
octobre 1698, où elles avaient relâché, étant parties de
Larochelle le 5 septembre précédent.

MONTRÉAL
EUSÈBE SENÉCAL, IMPRIMEUR-ÉDITEUR
Rue St. Vincent, Nos 6, 8 et 10.

1871

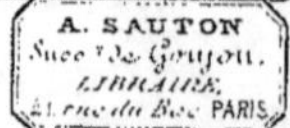

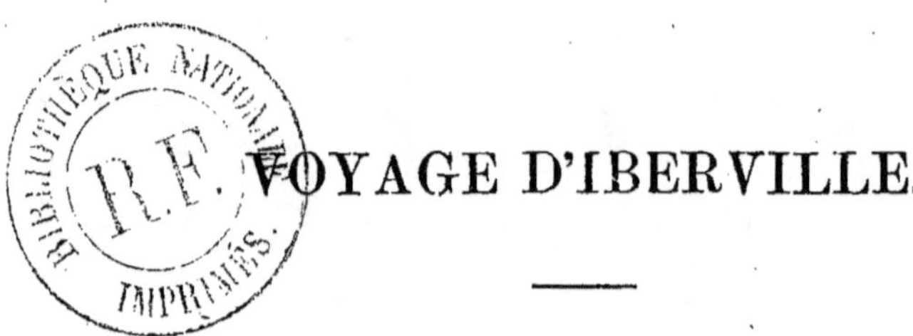

VOYAGE D'IBERVILLE.

Journal du voyage fait par deux Frégattes du Roi, *La Badine*, commandée par M. d'Iberville et *Le Marin*, par M. E. Chevalier de Surgères, qui partirent de Brest le vendredi, 24 octobre 1698, où elles avaient relâché, étant parties de Larochelle, le 5 septembre précédent. 1

Le vendredi, 24 octobre 1698.— Nous levâmes l'ancre de devant Brest à 7 heures du matin, *La Badine* ayant tiré le coup de partance à 6 heures et demie, quand nous avons été hors du goulet, nous rencontrâmes quatre vaisseaux de guerre *L'Eclatant*, *L'Oiseau*, la *Dauphine* et *L'Hercule*, c'était l'escadre de M. de Caët Logon, chef d'escadre qui a envoyé sa chaloupe à bord de la *Badine* qui lui a tiré sept coups de canon quand elle a débordé. M. de Caët Logon lui en a rendu 5 ; nous avons fait gouverner à l'ouest, quart de sud-ouest pour nous élever de *Basfroid* (de babord) ; sur les cinq heures du soir du même jour, nous avons relevé ouessant qui nous restait 6 lieues au nord nord-est ; j'ai pris mon premier point qui est par 18

1 Dans le manuscrit du voyage de M. d'Iberville que j'ai copié, il y avait deux marges : dans celle de gauche se trouvaient des notes explicatives au crayon ; dans celle de droite les divisions de chapitre. Je n'ai fait qu'une seule marge ; les divisions de chapitre y sont écrites en lettres droites et les notes sont désignées par une astérique. —(*Note du copiste de la Revue.*)

(Note au crayon placée au commencement de l'ouvrage, sans être signée.)

Ce mémoire est d'un officier du *Marin*, comme quelques pages le font présumer, peut-être de M. Surgères, lui-même, je ne sais. Ce manuscrit sur lequel j'ai fait transcrire cet exemplaire n'étant lui-même qu'une copie de l'original et ne portant aucune signature, M. Papineau conclut sans doute de là que si quelques mots sont peu nets, il faut en rapporter la faute sur le premier copiste ;—j'aurais voulu avoir plus de temps, j'aurais au moyen d'autres documents que je possède, éclairci quelques-unes de ces obscurités, j'aurais même complété certaines parties par d'autres détails interposés,—mais M. Papineau est si pressé que c'est à peine même si on peut suivre le précepte. " Hâtez vous lentement. "—(*Note du copiste de la Société Littéraire et Historique.*)

degrés 12^m de latitude nord-est $10^d 40^m$ de longitude, j'ai fait depuis ce temps-là le sud-ouest d'un vent de nord-est, beau frais accompagné de quelques peiits grains qui halaient les vents à l'est; sur le matin, nous avons eu connaissance de huit navires qui sortaient de La Manche qui faisaient le sud sud-ouest pour reconnaître le Cap Finistère, j'ai cinglé au sud-ouest depuis les quatre heures du soir jusqu'à midi.

Le mercredi, 29, nous eûmes connaissance de deux navires qui forçaient de voile sur nous que nous prîmes pour des *Salline*; sur les dix heures nous avons arboré pavillon de signal pour la *Badine* qui nous a attendu, quelque temps après ces deux navires ont fait partir au sud; une heure après, nous avons eu connaissance d'un autre qui faisait la même route; à 3 heures après midi nous avons averti la *Badine* que nous n'osions forcer de voile, parceque nous faisions quatre pouces d'eau par horloge.

Le jeudi, 30.— Les vents ont varié depuis l'ouest jusqu'au nord gros, sur les sept heures du soir nous avons vu un feu qui était à ce que nous crûmes le petit traversier de qui l'amarre avait rompu deux jours auparavant, le matin nous n'avons pu voir que le grand, le commandant a arboré le pavillon rouge, nous l'avons rangé sous le vent, il nous demanda quand nous avions perdu de vue le petit traversier, nous lui répondîmes que nous avions vu le 11 un peu au vent à nous imméditement, après un grain où il a vanté beaucoup, et plu, et fait des éclats de tonnerre, il nous a demandé notre longitude, nous lui avons dit 4^n, il a arrivé vent arrière au sud, sud-ouest pour voir s'il ne le trouverait pas, après avoir cinglé quelque temps, il a mis au plus près.

Le lundi, 3 novembre.—Sur les six heures du matin, nous avons mis notre navire à la bande pour le visiter à bas bord qui faisait un peu d'eau quand la mer était haute pour une cheville des haubans, à midi nous avons eu un bâtiment à la vue au vent à nous que nous avons pris pour notre traversier; sur les quatre heures, nous reconnûmes que ce n'était pas lui.

Le mardi 1, sur les quatre heures du matin, nous eûmes connaissance de Porte Sante de Madère qui nous restât à l'ouest sud-ouest.

Le vendredi, 7.—Nous passâmes entre Porte Sante et Madère.

Le samedi, 8—Madère nous restait au sud-est quart de sud environ dix lieues.

Le mercredi, 19.—Nous passâmes le tropique de cancer à huit heures du soir.

Le jeudi, 20.—Sur les 9 heures et demi on fit la cérémonie.

Le mardi, 2 décembre.— Nous vîmes la terre de l'est de St. Domingue.

Le mercredi 3.—Nous eûmes connaissance du Cáp [1]   nous rangeâmes la côte.

Le jeudi 4.— A 7 heures du matin, nous étions par la traverse de Léogane, nous mouillâmes à 4 heures et demi après-midi au Cap Français, le major nous dit que M. Ducasse gouverneur, nous avait attendu longtemps qu'il était au port de Paix, à quatorze lieues de là.

Le vendredi 2, on lui envoya le traversier avec M. Desourdy pour l'amener.

Le mercredi 10.—Le traversier revint, M. Desourdy nous dit que M. le Gouverneur était malade.

Le Jeudi 11.—Nous apperçumes le *François* et le *Wesp*, le même soir M. de Grucy, enseigne du François, coucha à notre bord, il partit à 2 heures avec le pilote de la *Badine* pour aller faire entrer le François, il entra à deux heures après-midi, à même jour le *Wesp* qui ne le suivait pas assez près toucha sans se faire cependant peine.

Le dimanche 14.— Nous débouchâmes pour aller au port de paix, les quatre chaloupes du vaisseau du roi remorquèrent notre vaisseau hors de dangers à quatre heures du soir, nous arrivâmes au port de Paix; en sortant du cap, nous vimes notre petit traversier qui s'était écarté de nous. Un canot du port de Paix vint à nous pour montrer le mouillage croyant que nous ne le savions pas à cause que nous avions tiré un coup de canon, un peu devant que d'arriver. M. L'Esquelet, lieutenant de la *Badine*, et M. Sauval furent voir M. le Gouverneur qui les reçut fort bien, leur promit toute sortes de secours. Aussitôt, il écrivit à M. le major du Cap de fournir à M d'Iberville des volailles et tout ce qu'il aurait besoin, il écrivit aussi à M. de Graft de s'embarquer dans le bord de M. Chateaumo ran pour venir le trouver à Leogane pour faire le voyage avec nous d'autant qu'il connaissait parfaitement la côte, on écrivit aussi à M. de Château pour le prier de venir trouver M. Ducasse qui lui donnerait toute sorte de satisfaction, on envoya un nègre porter ces paquets par terre.

Le mardi 16.—M. Ducasse, gouverneur, s'embarquera à 7 heures du matin, aussitôt nous mîmes à la voile pour Léogane.

Le mercredi 17 au soir.—Nous vîmes un vaisseau, aussitôt on appréta les canons, mais le calme nous empêcha d'approcher.

Le vendredi, 19 à 9 heures du matin.—Nous mouillâmes à Léogane, tous les principaux de la côte virent saluer M. Ducasse à notre bord où ils dinèrent ; à 2 heures, il partit avec tous nos messieurs ; en débordant on tira 9 coups de canon, les deux vaisseaux

1 Le mot est en blanc dans l'original.

marchands répondirent de 6 et de 3, on en fit de même à terre ;
aussitôt M. Ducasse donna ordre de donner à l'équipage du pain
frais, deux fois la viande par jour, nos officiers furent chez lui ;
on fit préparer du blé d'Inde, des hommes nègres, et de toutes les
choses nécessaires pour le voyage, en attendant la *Badine* qui
faisait faire du biscuit et d'autres choses nécessaires au cap. Les
chaleurs, les fruits, les débauches ont causé quelque maladie à
bord.

Le Mardi 23.—M. Leclerc, écrivain du roi, mourut à terre admi-
nistré des sacrements.

Le jeudi 25.—Le *François*, commandé par M. le Marquis de Chateaumoran la *Badine*, le *Traversier* arrivèrent, ils mouillèrent au
soir, ils soupèrent au *Marin*, ils nous apprirent que M. Berthier,
Com^re dans notre escadre, était mort au Cap. Le 17, ils amenèrent
M. de Grave qui venait faire le voyage avec nous, on nous dit que
les Anglais qui avaient dit en Europe qu'ils allaient au Mississipi
étaient à Villeproche purtabelle.

Le jeudi, premier jour de l'année 1669, à une heure après midi,
nous avons porté à toute voile à l'ouest quart de nord-est d'un
vent de nord-est beau frais pour attaquer nos navires qui étaient
devant nous ; sur les 9 heures du matin, le *François* tira un coup
de canon par le travers du petit Goave pour avertir un officier qui
y était allé ; sur les six heures du matin, il arriva à bord, nous avons
resté en panne jusqu'à huit heures et demi que nous avons fait
forcer pour attrapper ceux qui étaient devant nous. A 10 heures,
M. d'Iberville a envoyé la biscayenne à nippe, pour avertir le petit
traversier qu'il avaient envoyé pour des rafraîchissements. Sur les
cinq heures du soir, la *Badine* tira un coup de canon pour son traversier et la biscayenne ; toute la journée, les vents ont été variables et calme presque tout plat, nous avons fait porter toujours
sur le *François* à petite voiles ; sur les huit et 9 heures du soir, le
petit traversier a fait tirer un coup de canon pour répondre à la
Badine, sur le minuit, nous avons mis l'amarre à tribord, à 3 feux,
tiré un coup de canon pour avertir le *François* de mettre en travers à
cause de la *Badine* que nous avions laissé devant nippe en panne
jusqu'à quatre heures du matin d'un petit vent de nord-est que
nous trouvant trop proches de la pointe de Caymiques, nous avons
largué notre misaine avec nos deux huniers pour nous élever de
dessus la terre.

Le vendredi 2, à la pointe du jour, la *Badine* nous demeurait à
l'est jusqu'à la vue ; pour le *François*, nous ne le vîmes pas ayant
fait servir toute la nuit, la pointe du petit Goave nous demeurait
au nord-est quart d'est, ayant fait porter quelque temps sur la

Badine nous reconnûmes son traversier et la biscayenne à la voile qui faisait route pour la *Badine*, sur les 11 heures nous fîmes servir, à une heure après-midi nous fîmes embarquer notre chaloupe. Nous eûmes toute la journée calme, sur les dix heures les vents sont venus de terre, nous avons gouverné au nord-ouest pour acoster la *Badine*.

Le samedi 3, sur les six heures du matin nous avons relevé la Goave qui nous restait à l'est quart du nord-est 9 lieues et les Caymans du Sud, nous avons vu en même temps le François au nord-ouest de nous à la vue; sur les deux heures les vents ont un peu affraichi au nord-ouest ; nous avons gouverné à l'ouest nord-ouest, nous avons reconnu le Moulle de St. Nicolas qui nous restait au nord nord-est douze lieues ; sur les six heures, nous avons relevé le Cap d'Almarse qui nous restait douze lieues à l'ouest sud-ouest, nous avons montré le feu pendant la nuit par 3 ou 4 fois de peur de nous séparer, nous avons eu les vents de nord-est, de nord nord-est, qui ventaient et calmant par intervalle, nous avons fait petite voile à cause du grand traversier qui ne pouvait nous suivre.

Le dimanche 4, sur les 8 heures du matin le cap Dalmarié nous restait au sud-ouest 12 lieues et le moulle de St. Nicolas au nord-est quart de nord 12 lieues ; la *Badine* était bien derrière nous à cause du grand traversier qu'elle attendait et le *François* était par notre travers ; nous aperçumes que les courants nous avaient entraîné à l'est ; toute la journée a été presque calme avec de grandes chaleurs ; au soleil couchant nous avons relevé la pointe de l'Est de Cube qui nous restait au nord nord-ouest 12 lieues de la Moulle de St. Nicolas, 12 lieues au nord-est. Le cap Dalmarié au sud quart de sud-ouest 10 lieues, dans la nuit les vents ont affraichi au nord-est petit vent, nous avons gouverné petites voiles à l'ouest nord-ouest.

Le lundi 5 à 6 heures du matin.— Nous étions au sud sud-ouest de la pointe de Cube et au nord nord ouest du cap de Dalmarié. Le *François* à force de voile est arrivé à nous sous le vent et a mis en travers devant la *Badine* qui a tenu le vent pour lui parler, ensuite il a attendu le grand traversier qui était de l'arrière à qui il a donné une remorque, la *Badine* nous a crié d'en faire autant au petit. Nous avons ensuite forcé à toutes voiles du petit vent de nord-est, nous nous sommes aperçus que les courants nous avaient dérivé au sud à soleil couchant le cap le plus est du port de Palme, nous restait nord-ouest quart d'ouest 1 lieue et la pointe la plus à l'est 12 lieues au nord-est, quart de nord, le milieu de la Baye, directement au nord-ouest et la pointe la plus ouest de l'Isle de St. Domingue au sud est vingt lieues; toute la nuit, il a venté de l'est et de nord-est, beau frais, nous avons fait l'ouest quart de nord-ouest.

Le mardi 6 sur les 8 heures du matin nous avons relevé la pointe la plus à l'est de la baie de St. Jacques qui restait au nord-est quart d'est, 6 lieues, et l'autre pointe de la dite baie au nord-ouest quart d'ouest 8 lieues. Sur les dix heures, nous étions par le travers la forteresse qui sont deux tours dans le milieu de la baie au bord de la mer qui paraissent blanches, nous avons fait l'ouest toute la journée ; sur les six heures du soir nous relevâmes le cap de feuilles qui nous demeurait entre l'ouest quart de nord-ouest 12 lieues, les vents ont affraichi sur le soir, à l'est nous avons fait toute la nuit ouest sud-ouest pour éviter les caps qui avançaient ; sur les quatre heures, nous eûmes connaissance de trois navires qui courraient la bande du sud.

Le Mercredi 7, sur les 6 heures du matin la pointe de Porty nous restait au nord-ouest quart ouest distance de 8 lieues et le cap de Levril au nord-est quart d'est 12 lieues, nous avons fait d'un petit vent d'est depuis 6 heures du soir jusqu'à 8 à la même heure 20 lieues ce qui nous fait conjecturer que les courants portent à l'ouest.

Le jeudi 8 sur les 8 heures du matin.—Nous avons relevé la pointe de l'est de la baie de Machenil qui nous restait à l'ouest quart de nord-ouest, 7 lieues ; sur les dix heures les vents ont affraichi à l'est quart de sud-est à environ sur les quatre heures du soir la pointe nous restait 2 lieues au nord, au milieu de laquelle il y a de Layes qui partent une demi lieue à l'ouest sud-ouest, nous avons eu connaissance d'un navire qui était sans voile dans la baie. La *Badine* a arboré un pavillon Espagnol ; Tout le jour nous avons fait nord-ouest à toutes voiles d'un bon vent d'est, sur les 6 heures du soir nous relevâmes la pointe de Machenil qui nous demeurait au nord nord-est 5 lieues, dans la nuit les vents se rangèrent à l'est quart de sud-est, nous avons fait l'ouest quart de sud-ouest, les vents au sud-ouest pour courir au sud des Isles de Cayman.

Le vendredi 9 Juin.—Les vents ont continué à l'est quart de sud-est, jusqu'à midi, qu'ils ont varié jusqu'au sud, calme, presque sans plat avec de la pluie, ensuite ils sont revenus au sud-est quart d'est, sur les deux heures après midi, nous eûmes les petits caymans huit lieues à l'ouest, nord-ouest de nous qui est une terre qui s'étend 5 lieues sud-est et nord-ouest, dont la pointe du sud est fort basse ; nous arrivâmes au nord-ouest pour embrasser sous les vents ; sur les six heures du soir nous en étions six lieues par la latitude de 19des 40^m 29^s, depuis le vendredi 9 jusqu'au samedi 10 à midi les vents ont variés depuis le sud jusqu'au sud-ouest, gros vents qui nous ont fait prendre les ris dans nos huniers, nous nous sommes aperçu par notre hauteur que les courants avaient été entraînés au nord-ouest la route ne nous ayant valu que l'ouest nord-ouest quatre degrés ouest, sur laquelle nous cinglâmes 30 lieues latitude observée 20^{deg} 5^m longitude 192^{deg} 44^m, sur le midi nous vîmes un navire qui courait la bande de l'est, à qui la *Badine* arbora pavillon Espagnol.

Depuis le samedi 10 à midi jusqu'au Dimanche 11 à midi, les vents ont continué au sud-ouest, gros vents jusqu'à cinq heures du soir qu'ils ont sauté tout d'un coup à l'ouest, nord-ouest, nous arrivâmes Lophe pour Lophe, ensuite nous prîmes les deux autres ris dans nos huniers, quelque temps apres, ils sont venus au nord-ouest et au nord nord-est, gros vents, la mer gronde extrêmement courte. Toutes ces différentes routes n'ont vallu pendant les 24 heures, l'ouest quart de sud-ouest, 2^d sud-ouest fait à la dite route, 17 lieues latitude observée, 19^d 50^m longitude 291^d 46^m.

Depuis le Dimanche 11 à midi jusqu'au Lundi 12, les vents ont varié depuis le nord jusqu'au nord-est, beau temps, nous larguames les ris de nos huniers, nous fîmes plusieurs routes qui nous ont valu selon la hauteur et l'estime le nord-ouest quart d'ouest 3^d plus nord, cinglé 17 lieues latitude observée 20^d 20^m longitude 291^d 11^m.

Depuis le lundi 12 jusqu'au mardi 13 à midi les vents ont continué au nord-est et au nord, nord-est qui ont obligé à prendre les deux ris dans nos huniers, il venait de temps en temps des rafales comme si nous eussions été sous la terre, nous fîmes le nord-ouest latitude 21^d 6^m longitude 290^d 17^m.

Depuis le mardi 13 à midi jusqu'au mercredi 14 la *Badine* a forcé de voile dès le matin pour reconnaître la terre, les vents ont varié depuis le nord nord-est jusqu'à l'est, beau frais, nous courûmes au nord-ouest jusqu'à huit heures du soir, nous arrivâmes lophe, nous mîmes le cap au sud-est, nos deux ris près dans nos huniers, sur les quatre heures du matin, nous remîmes à l'autre bord à petite voile, la plupart du temps notre petit hunier brassait au vent.

Le mercredi 14.—Nous forçâmes de voile sur les six heures du matin d'un vent de nord-est, le cap au nord nord-ouest, sur les huit heures du matin, nous vîmes la terre qui était le bout de l'est du cap Coriente 10 lieues à nord nord-est de nous, c'est une terre entièrement basse où il ne parait que des arbres, quand on en est seulement trois lieues au large, mais sur laquelle il y a plusieurs montagnes qu'on voit de fort loin, nous arrivâmes au nord-ouest et à l'ouest nord-ouest pour chercher le bout de l'ouest, le dit cap de Coriente qui nous restait sur les 3 heures une lieue au nord nord-est, nous le rangeâmes à cause d'une baisse qui en est à 5 lieues au large, elle parait comme une Ile, ne voyant que les deux bouts et que la terre qui en est au nord-est si plate qu'on ne voit que des arbres à cause d'un grand enfoncement qui couvre à l'est nord-est de la pointe de l'ouest, du cap, à soleil couchant, il nous restait au nord-ouest quart d'ouest 7 lieues à la même heure Olivier Lagarenne de l'Orient, est mort que nous jetâmes à 7 heures du soir, nous rangeâmes la côte qui courre au cap St. Antoine à petite voile, à une lieue près ; sur les dix heures du soir nous mîmes à travers d'un vent d'est le cap au sud, jusqu'à 4 heures du matin que nous arrivâmes Lophe pour Lophe pour mettre l'amarre à tribord, le cap au nord pour chercher le cap St. Antoine que nous vîmes sur les six heures du matin au vent à nous.

Le jeudi 15 au matin.—Le dit cap nous restait au nord quart de nord-est deux lieues, nous le rangeâmes à une lieue près à cause d'un haut-fond qui est à quatre lieues à l'ouest nord-ouest du dit cap au point entre le récif du cap Catoche qui fait le commencement du Golfe et du danger ; il n'y a que 25 lieues de passage ; à midi le dit cap St. Antoine nous restait au sud-est six lieues, la route nous valut nord quart d'ouest, d'un vent de nord-est ayant arrêté notre point qui est par 22^d 6^m latitude observée, longitude de 288^d 28^m.

Le vendredi, 16 à midi, jusqu'au samedi, 17, les vents ont varié depuis l'est jusqu'au sud, nous gouvernâmes les 24 heures au nord ; cependant la route n'a valu que le nord quart de nord et les courants nous ayant entraîné au sud-est 10 lieues, latitude observée 23^d 56^m.

Le samedi, 17 jusqu'au dimanche, 18 à midi, les vents ont continué au sud, beau temps, nous fîmes le nord quart de nord-ouest jusqu'à minuit, et le nord nord-ouest jusqu'à midi, fait par l'estime 26 lieues, et la hauteur on a trouvé 21 lieues, ce qui fait conjecturer que les courants continuent de nous traîner au sud-est, la route ne nous a valu que le nord quart de nord-est, latitude observée 27^d.

Le dimanche, 18 à midi, jusqu'au lundi, 19 à midi.—Les vents ont varié depuis l'ouest, sud-ouest, jusqu'au sud, beau temps, nous fîmes le nord, nord-ouest, depuis minuit jusqu'à quatre heures, nous laissâmes notre hunier sur le mat pour attendre le *François* qui était derrière, nous cinglâmes au nord nord-ouest 20 lieues ; latitude observée 25^d 55^n.

Le lundi, 19 à midi, jusqu'au mardi, 20 à midi, même vent, sur les cinq heures, il s'est élevé une brume qui a duré 3 heures, sur les 9 heures du matin, nous sondâmes sans avoir trouvé fond, calme presque tout plat, et s'est élevé presque aussitôt un brouillard au nord-est, où les vents ont sauté tout d'un coup qui nous ont fait prendre les ris dans nos huniers sans discontinuer jusqu'après-midi, la route a valu selon l'estime 26ª 54ᵐ, le chemin 20 lieues.

Le mardi, 20 à midi jusqu'au mercredi, 21 à midi. Les vents ont varié depuis le nord-est jusqu'au sud-ouest, nous fîmes petites voiles avec les deux basses voiles, sur les dix heures du soir, le *François* à mis en travers pour sonder, nous fîmes de même sans avoir trouvé fond, nous mîmes notre grand hunier, les deux ris dedans sur les minuit, le temps s'est couvert avec tonnerre et éclairs continuels qui ont duré jusqu'à 6 heures du matin que nous avons serré notre grand hunier et largué notre grande voile ; quelque temps après les vents ont sauté au sud-est sud, sud-ouest dans un grain tourmenté des vents avec de la pluie à verse qui nous a fait larguer notre misaine et mis en travers à sec, le ciel était si couvert qu'à sept heures, il ne paraissait pas de jour, ensuite les vents ont modéré au sud-ouest et à l'ouest sud-ouest, nous avons fait servir avec nos basses voiles, la mer un peu grande, la mer n'a vallu que le nord quart de nord-ouest 99 lieues ; latitude observée, 28ª 32ᵐ.

Le mercredi, 21 à midi jusqu'au jeudi, 22 à midi. Les vents ont été ouest sud-ouest jusqu'à cinq heures du soir que nous arrivâmes laphes pour laphe, un vent d'ouest, et de nord-ouest, toute la nuit, il a été si calme que le navire avait de la peine à gouverner, sur les trois heures du matin nous remîmes à l'autre bord ; les vents étant revenus au sud-ouest, nous fîmes plusieurs routes qui n'ont vallu que le nord, cinglé 3 lieues, latitude estimée 28ª 38ᵐ.

Le jeudi, 22 à midi jusqu'au vendredi, 25 à midi. Les vents ont régné au sud-est, à soleil couchant nous mîmes en travers pour sonder sans fond, sur les 10 heures du soir nous resondâmes par 170 brasses d'eau, fond vase avec un peu de sable fin, sur les 3 heures du matin, nous retournâmes l'amarre à bas bord et portâmes toute la nuit le feu à cause de la brume qui était fort épaisse, nous restâmes en travers toute la nuit ; sur les 6 heures du matin, M. d'Iberville a fait chasser les traversiers que nous attrapâmes quelque temps après, depuis 6 heures du matin, les vents ont varié depuis l'ouest nord-ouest jusqu'au nord, qui n'ont pas duré, toutes les routes durant les 24 heures n'ont vallu que le nord quart de nord-ouest, nous sondâmes 60 brasses d'eau, même fond vase, sable fin, fait 20 lieues, latitude estimée 29ª 38ᵐ.

Le vendredi, 23 à midi jusqu'au samedi 24.—Les vents ont été nord, nord-ouest, petit vent sur les deux heures, nous sondâmes 40 brasses fond de sable gris mêlé de vase ; sur les 3 heures, 35 brasses fond de sable gris, un peu plus gras avec de petits coquillages ; à quatre heures 10 brasses, même fond mais plus gras, sur 5 heures du soir, la *Badine* a arboré un pavillon hollandais pour mouiller, nous eûmes en même temps connaissance de la terre qui paraissait tout basse nous en pouvions être à 6 lieues, nous rangeâmes la *Badine*, qui nous a crié de forcer de voile, sur la terre pour la mieux reconnaître, ce que nous fîmes ensuite, nous sommes venus mouiller par son travers par les 30 brasses, même fond, nous vîmes un feu au nord nord-ouest qui dura toute la nuit fait par les Indiens de la *Floride ;* toute la nuit a vanté bon vent d'est, nord-est qui était extrêmement froid, latitude 29ᵈ 47ᵐ.

Le samedi, 24 sur les 6 heures du matin ; nous approchâmes d'un vent de nord-est, nous courûmes au nord-ouest et à l'ouest nord-ouest sur le petit traversier qui était 3 lieues sous le vent à nous. Le *François* et la *Badine* ont mis au plus près du vent pour mieux reconnaître la terre, sur les dix heures du matin, nous donnâmes la remorque au petit traversier, ensuite nous fîmes le nord quart de nord-ouest pour rejoindre nos vaisseaux, nous sondâmes 30 brasses, fond de vase avec du sable noir, deux heures après, fond de sable gris 28 brasses, une heure après, fond de petit corail avec pierre pouvrée à quatre lieues de terre, 22 brasses à trois lieues, 19 et 18 brasses fond de sable, feu depuis midi que nous joignîmes nos vaisseaux, nous rangeâmes la côte à deux lieues près à soleil couchant nous mouillâmes par les 18 brasses.

Le dimanche 25, sur les 9 heures du matin, nous appareillâmes d'un vent d'est, nous tinmes le vent au plus près, la biscayenne alla à terre pour reconnaître un cap au dedans duquel il paraissait une rivière où il n'y avait pas d'entrée ; nous arrivâmes à l'ouest nous sondâmes 12 brasses, fond curée, nous découvrîmes plus de 15 lieues de terre plate qui s'étend au nord-est et ouest sud-ouest, il parait dessus du sable fort fin que nous prîmes pour du brillant, tant ils sont blancs ; sur les 10 heures du matin, nous découvrîmes un grand lac qui courait l'ouest au dedans duquel il paraît une terre qui est couverte de quantité d'arbres forts hauts. Toute la journée les vents ont régné à l'est, beau temps, les deux traversiers ont rangé la côte tout au long à la portée d'un boucanier qui ont toujours trouvé cinq brasses d'eau ; sur les 6 heures du soir nous mouillâmes par les 12 brasses, sable fin, toute la nuit, les vents ont continué à l'est avec de la brume, les marées portant à l'ouest et dans le port elle portait nord et sud, la côte git est et ouest.

Le lundi 26 sur les 7 heures du matin.—Nous fîmes servir du même vent d'est avec de la brume, sur les 8 heures nous vîmes un cap tout bas à l'ouest, duquel il nous paraissait une passe dans laquelle nous vimes deux navires ; nous mimes sur les mats une hune ; après la brume s'augmentait de plus en plus, le *François* a tiré cinq

coups de canon pour mouiller par les dix brasses fond de sable fin,
nous tirâmes plusieurs coups de mousquets pour répondre aux traversiers qui tiraient également de crainte qu'ils ne s'écartassent de
nous dans la brume, les deux navires que nous vimes dans le lac
tirèrent deux coups de canons, et ont détaché une chaloupe pour
nous venir reconnaitre, qui est venue à une demi-lieue de nous.
Ils s'en retournèrent lorsque nous arborâmes notre pavillon ; toute
la nuit les vents ont battu à l'est, beau temps, avec de la brume fort
épaisse.

Le mardi 27.—M. de Lesquelet, lieutenant de la *Badine*, alla reconnaitre les deux frégates qui étaient espagnoles, une de 18 et
l'autre de 20 canons qui étaient là depuis 4 mois pour établir une
colonie ; le commandant le reçut très bien, il leur dit que le roi avait
ouï dire que 5 à 600 Canadiens étaient descendus pour s'emparer
des mines que nous étions venus pour les arrêter, que nous avions
pris ces deux traversiers qui étaient pourchassés et qu'ayant appris
d'eux qu'il y en avait une autre de 50 à 60 pièces. Le *François* qui
était à St. Domingue s'était joint à nous qu'il demandait pour faire
ne l'eau et du bois, qu'il était expédient pour cela que nous entras-
sions ; le commandant dit qu'il avait ordre de laisser entrer personne ; néanmoins il permit d'entrer M. de Lesquelet, et le major
avec sa chaloupe revint, en débordant on tira 3 coups de canon
pour le salut ; ils ont un fort de pieux et sont environ 300 hommes
deux Augustins et deux Récollets ; M. de Lesquelet et le major
Espagnol arrivèrent sur les deux heures de l'après midi au *François*
avec quelques présents pour M. de Chateaumarant qui leur envoya
quelques dame-jeannes de vin, le major s'en retourna, en débordant
on tira sept coups de canon ponr le salut.

Le mercredi 28.—Les canots de nos trois navires sont allés sonder
l'entrée de la rivière nommé par les Espagnols Sta. Maria de Galne
de Fascuala, ont trouvé un très beau port, le moins d'eau étant de
20 pieds par le rapport de MM. de Surgères et d'Iberville qui y furent
eux-mêmes ; sur le midi, une chaloupe des deux frégates dans laquelle était le capitaine est allé au bord du *François* qui a rapporté
un ordre par lequelle il ne permettait pas d'entrer, nous avions
déjà levé l'ancre que nous laissâmes tomber aussitôt, ils dirent que
nous n'avions qu'à mouiller devant, qu'ils nous apporteraient de l'eau
et du bois, apparamment que leurs matelots apprirent au *François*
que nous étions venus à la côte pour nous y établir ; nos marins
jugeraient à propos de passer outre, c'est asssurément un très beau
port, aussi beau au moins que Brest que nous perdimes par notre
retardement ; il y a des mats pour en fournir toute la France, sur

les 6 heures du soir, nous vimes nos felouques à bord en regrettant un si bel endroit.

Le jeudi 29.—Calme vent plat avec de la brume continuelle et des vents variables qui nous ont empêché d'appareiller.

Le vendredi 30.—Sur les sept heures et demi nous fimes voile d'un vent d'est nord-est pour reconnaitre la baie de la mobile. Nous n'approchâmes la terre que de trois lieues. Nous fimes le sud-ouest quart d'ouest et l'ouest et l'ouest sud d'quart quart d'ouest et l'ouest sud-ouest, sur les quatre heures du soir nous gouvernâmes au sud ouest n'ayant trouvé que trois brasses d'eau, le *François* qui était dans ce temps là au large de nous, nous dit qu'il n'avait trouvé que cinq brasses et tenu le vent pour courir au large, quelque temps, il se railla à nous, nous mouillâmes sur les 6 heures du soir par les 9 brasses fond sable fin.

Le samedi 31—Sur les 9 heures du matin nous fimes porter à l'ouest 1 quart du nord-ouest à midi, nous découvrimes un lit de Maréel qui sortait de la baie de la mobile, nous mîmes aussitôt en travers croyant que c'était quelque haut fond, nous envoyames sonder notre chaloupe qui trouva 8 brasses, ensuite nous fimes servir ; après que nous eûmes repassé le lit nous trouvâmes dix brasses, à une heure, nous mouillâmes par la même eau, bon fond ; on détacha M. de la Villentray avec un pilote pour sonder la mobile avec les deux traversiers. sur les six heures du soir, le grand s'est-échoué, la marée l'ayant ammené sur un banc de sable et a tiré plusieurs coups de canon dont nous ne vîmes que le feu, quelque temps après, il s'en est allé, toute la nuit les vents ont battu au sud-est, deux heures avant le jour, ils sont venus au sud-ouest avec de la pluie à verse nous ne pûmes venir debout au vent, quoiqu'il vente fort, par les grands courants qui partaient au sud-est.

Le dimanche 1 février 1699.—Sur les dix heures du matin, notre falouque étant revenue de la découverte nous a dit qu'il n'y avait pas d'eau selon le rapport que leur en avait fait M. de Lesquelet, lui étant arrivé à son bord dit qu'il y avait cinq brasses d'eau, ce qui a été cause que M. d'Iberville y alla lui même avec M. de Sauval. Ces deux traversiers ont été obligé de mouiller aux eaux des cou rants et des vents du sud-ouest qui les portaient à terre, nous appareillâmes avec nos deux huniers pour nous mettre au large, étant mouillé trop proche d'un récif qui va joindre la grande terre et brise presque partout, en dedans duquel il y a un petit islet tout noyé qui git est et ouest du cap qui fait la baie des mobiles et deux autres grands Ilets qui sont un peu plus enfoncés et éloignés de les grandes terres plus de trois lieues. Dans les vingt-quatre heures, les vents ont été variables avec beaucoup plus de pluie, ayant fait du rant la nuit plusieurs éclairs et des nuages qui s'élevaient au sud qui nous présageaient du mauvais temps.

Le lundi 2.—Les vents furent toujours à l'est sud-ouest avec de la pluie continuelle, au soir au sud-est sud sud-ouest, il a commencé à vanter depuis minuit à l'ouest gros vent, nous filâmes un cable et demi.

Le mardi, 3.—Les vents continuèrent à l'ouest, mauvais temps, la mer fort grande avec du froid, sur le midi, ils sont venus à l'ouest quart du nord-ouest ; qui se sont un peu modérés sur le soir au nord ouest, où ils ont resté toute la nuit.

Le mercredi 4.—Les vents ont été nord et nord-ouest petits vents à 11 heures, M. d'Iberveille est arrivé à son bord, dont il était parti dès le dimanche que le mauvais temps avait empêché de venir, qui a rapporté n'avoir trouvé que 12 pieds d'eau dans le plus profond de la basse qui est fait serpentante, en dedans 2 brasses un grand lac et une rivière qui se décharge dedans, qui a flux et reflux, dont les marées sont nord-ouest et sud-est, cette rivière a une si grande rapidité que son eau en est toute bourbeuse, entrainant des pins les plus propres pour faire des mâts d'une hauteur et grosseur prodigieuse, nos gens tuèrent plusieurs houtardes et ont trouvé plusieurs pots de terre, ils trouvèrent aussi plus de protestes (*sic*) dans le cable, et plusieurs ossements ; apparemment qu'ils s'étaient battu. Ces sauvages qui sont au long de la côte sont vagabonds, quand il sont saouls de viande ils viennent à la mer pour manger du poisson où il est en abondance, nos gens en prirent quelques uns qui pesaient au moins 20 livres ; à une heure après midi, la *Badine* a arboré le pavillon Ostendais pour nous faire appareiller, nous levâmes notre ancre bouée qui était au sud est que nous avions parlé de peur d'embarasser notre grande ancre entre deux et trois ; nous étions sous voile d'un petit vent du nord, temps fort serein, nous fîmes l'ouest à l'ouest quart de sud-ouest sur les quatre heures les vents sont devenus à l'ouest et ouest, sud-ouest, nos partimes au plus près, quelque temps après, ils sont venus au nord, au soleil couchant nous observâmes la variation qui était d'un degré, sur les 6 heures nous mouillâmes par les 14 brasses; fond de sable vaseuse, sur les trois heures après midi, on prit hauteur à l'étoile polaire qui était l'heure qu'elle passait à son méridien au-dessus du pôle, nous étions pour lors près de 3 lieues au sud du bout de l'ouest de la baie de la Mobile, toute la nuit les vents ont battu au nord, petit vent, temps serein et froid, la baie de la Mobile ainsi nommée par les Espagnols et selon les observations que nous en avons faite par la latitude de 30 degré et la longitude du 289° 26ᵐ.

Le jeudi 5.—Nous appareillâmes d'un petit vent du nord, nous fîmes l'ouest, et l'ouest quart du sud ouest, et à midi on prit hauteur 29° 50ᵐ, sur les trois heures les vents sont venus tout d'un coup à ouest sud-ouest en boutures, nous courûmes bande du nord ouest, sur les cinq heures du soir le *François* a mis à l'autre bord pour courir au large se trouvant trop proche de terre, au soleil couchant on monta en haut, on vit depuis les ilets de la baie de Mobile jusqu'à une île dont le bout parait comme un cap tout plat qui est éloigné environ une lieue de la grande terre qui couvre est à ouest de la baie de la Mobile, 15 lieues entre les deux ilets à trois lieues au large, sur 5 heures du soir nous mouillâmes par les dix brasses, fond de sable vaseux 4 lieues au sud est, de cette ile toute la nuit les vents ont été à la bande de l'ouest, beau temps, les courants ont porté au sud-est, quand on prit hauteur ou était quatre lieues au large de la terre.

Le vendredi 6.—Sur les six heures de matin, la biscayenne de la *Badine* est allé reconnaitre une passe qui paraissait entre les ilets dont nous parlons et la grande terre. Le *François* et les traversiers qui étaient derrière nous ont mis dans ce temps là sous voile pour nous rejoindre. Sur les 9 heures nous appareillâmes d'un petit vent du nord le cap à l'ouest, ensuite au nord-ouest et l'ouest nord-ouest ; sur les quatre heures nous fîmes l'ouest sud-ouest, d'un vent du sud-est pour nous mettre au large de la terre, à soléil couchant la pointe de cette isle nous restait au nord ouest 4 lieues, nous mouillâmes sur les 6 heures par les 11 brasses, fond de vase sableux, les vents ont été variables, la biscayenne a touché à terre de cet ilet afin d'aller de plus grand matin reconnaitre d'autres au dedans desquels nous voulions mouiller, cet ilet dont nous avons parlé ci-dessus est par la latitude de 30° et longitude du 282° 32ᵐ.

Le samedi 7.—A 5 heures du matin, nous appareillâmes d'un vent d'ouest sud-ouest, beau temps, nous courûmes au nord ouest sur la terre jusqu'à 9 heures qu'on mit à l'autre bord le cap au sud ; nous vimes un ilet au sud-ouest tout à la vue, et la biscayenne qui courait entre les deux ilets pour savoir s'il y avait une passe ; sur les 10½ heures nous rebandâmes de bord, le cap au nord d'ouest et à l'ouest, nord-ouest, d'un même vent d'ouest, sud-ouest et du sud-ouest entre 11 heures et midi ; la bisayenne arriva à bord de la *Badine* qui n'avait rien découvert, à ce que nous dit M. d'Iberville, on vit un ilet au nord-ouest de nous 4 lieues, et d'autres au sud ouest qui formaient un grand enfoncement, nous trouvâmes toujours dix brasses, on prit hauteur 29° 55ᵐ ; à une heure et demie après midi nous virâmes d'abord d'un vent d'ouest quart du nord-ouest le cap au sud-ouest, quart du sud, sur les trois heures, les vents étant venus à la bande du Sud-Est, nous arrivâmes sur l'ilet qui nous restait au nord-ouest, nous mouillâmes sur les cinq heures par les 8 brasses et demi d'eau, fonds de vase, bonne terre, 3 lieues au sud-est du dit ilet, nous trouvâmes les marées est et ouest, toute la nuit les vents ont battu à l'ouest, beau frais.

Le dimanche 8.—Sur les six heures du matin M. de Surgère est allé dans la petite felouque reconnaitre un ilet qui nous restait au Nord-Ouest, le Grand Franconer alla sonder une ile qui nous restait au sud, nous trouvâmes les marées, est et ouest, les vents ont été variables.

Le lundi 9.—Sur les 9 heures du matin nous appareillâmes d'un vent d'Est avec notre petit hunier, et notre artimon pour aller mouiller à l'abri d'un ilet qui nous restait au sud qui est le vent le plus à craindre dans cette côte, nous mimes en travers pendant une harlage en attendant que le petit traversier fut allé sonder devant nous, sur le midi nous mouillâmes par les 7 brasses, fond de vase, à une lieue et demi du dit Ilet au sud.

Le mardi 10.—Sur les huit heures du matin, les vents étaient à l'est, petit vent, nous avons appareillé pour aller mouiller au nord de cet ilet que M. le Chevalier de Surgère était allé sonder ces jours précédents ; nous avons fait le nord-ouest quart de nord pour aller chercher le grand traversier qui avait mouillé dans la passe ensuite la pointe de l'ouest de l'ilet que nous avons rangé à la portée d'un boucanier, nous mimes nos chaloupes de l'avant, pour nous tirer tant à cause du calme que des marées qui nous dérivaient à l'ouest, nous étions pour lors au large de la pointe, et quand nous avons été au dedans, nous avons trouvé des contre-marées qui nous portaient à l'est, nous n'avons pas moins trouvé de 4 brasses d'eau dans la route ce qui a obligé le *François* de mouiller par les 2 brasses, ne voulant pas se risquer à entrer quoiqu'il ne tire que un $1\frac{1}{2}$ pied d'eau plus de demie lieue au large de la dite Ile, comme les vents se halaient toujours au sud est avec une brume fort épaisse nous avons mouillé et ensuite nous nous sommes trouvés près d'une demi lieue directement au sud-est, quart d'est sur les 6 heures ; du soir nous avons mouillé par les 22 pieds d'eau, fond de vase molle, où nous sommes affourchés sud-est et nord-ouest, la pointe ouest de l'ilet sur laquelle il y a quantité d'arbres nous restait à l'est et nord-est, l'autre pointe qui est toute plate nous restait au sud-ouest, quart d'ouest, on est à l'abri de cette rade depuis l'est nord-est jusqu'au sud-ouest par le même islet, et des vents d'ouest par une autre islet qui en est éloigné environ deux lieues, les deux islets gisent est et ouest, prenant un peu du nord-ouest, et dont par la latitude de 30ᵈ où nous sommes mouillés, et l'autre ilet le plus à l'ouest est par la longitude de 22 degrés et du côté du nord-ouest à couvert d'une grande ile qui semble être la grande terre, n'en voyant point de bout qui peut être par la latitude de 32d. 59 m. étant au nord de l'ilet où nous nous sommes mouillés quatre lieues, encore que nous sommes entourés de l'ile de tous côtés, quoique les vents du nord soient les plus à craindre la terre en étant la plus éloignée et qui règne la plus grande partie du temps, comme nous le verrons dans la suite, les marées sont dans cette isle Est-Ouest.

Le mercredi 11.—Nous commançames dès la pointe du jour à mettre le bois de notre biscayenne à terre, pour la monter et y faire une tente où nos gens travaillèrent, le jour les vents battirent au sud, beau temps, sur le soir le temps se couvrit, il fit quelques coups de tonnerre et quantité d'éclairs, dans la nuit, ils vinrent à l'ouest et commencèrent à vanter et après midi au nord, et nord-ouest qui étaient extremement froids, et vantaient beaucoup.

Le jeudi 12 au matin, nos mats de hune bas et appareillâmes nos vergues, sur le midi beau temps, les vents s'étant beaucoup moderés, le soir la *Badine* tira 3 coups de canon pour avertir les sauvages qui faisaient du feu, dans la nuit les vents continuèrent toujours, à la bande du nord-est faisait grand froid.

Le vendredi 13.—M. d'Iberville ayant vu le 12 des feux à la grande isle 2 lieues de lui au nord, prit le père Anastase avec lui pour y aller, il avait sa biscayenne et un petit canot d'écorce, parceque nos Canadiens avaient descendus avec la même voiture, nous arrivâmes à deux heures de l'après-midi, nous vîmes les pistes des sauvages qui n'étaient partis que du matin, nous y cabanâmes, le feu s'étant pris aux herbes, les sauvages virent notre fumée.

Le samedi 14.—Après avoir déjeuné nous allâmes au long de la côte, M. d'Iberville et son sauvage apperçurent aussitôt les pistes de deux sauvages qui étaient venus à la découverte, M. d'Iberville retourna à notre feu, mit deux haches, 4 couteaux, de la rassade, du vermillon et deux pipes remplies de tabac pour leurs présents et faire voir que nous venions en paix, ensuite la chaloupe et le petit canot d'écorce allèrent côtoyant la côte, M. d'Iberville, son sauvage et le père Anastase au long de la terre ayant fait une demie lieue, M. d'Iberville et son sauvage aperçurent 3 sauvages, ils les poursuivirent, voyant qu'ils ne pouvaient pas les joindre et qu'ils s'embarquaient dans leurs canots, il attendit son canot qui par malheur était demeuré derrière, s'étant mis dans son canot, il les obligea de mettre à terre et d'abandonner ce qu'ils avaient, il resta un veillard malade auquel il fit ces présents, lui fit connaitre qu'il ne venait pas en guerre mais en paix, il comprit fort bien ce qu'il lui dit et fut fort content, ensuite il lui dit qu'il allait cabaner à un

quart de lieue de là, ce même soir nous fûmes le voir, il nous fît
entendre par signe de le débarquer et de lui faire du feu, nous le
fîmes avec plaisir, il avait une jambe pourrie, nos gens qui étaient
à la chasse surprirent une vieille qui était cachée, ils l'ammenèrent
au vieillard où nous étions, elle croyait que c'était son dernier jour,
on lui fit des présents, elle fut témoin de la charité que nous avions
rendu au vieillard qui nous promit qu'aussitôt que ces gens seraient
au retour il nous ferait piler du blé d'Inde pour nous faire festiner,
nous les laissâmes ensemble et retournâmes chez nous, la vieille alla
chez ses gens ce même soir qui leur fit un recit entier de ce qui
s'était passé.

Le dimanche 12 au matin, M. d'Iberville et le père Anastase
furent derechef voir le vieillard, par malheur le feu avait pris aux
herbes qui étaient proche de lui en sorte qu'il eut de la peine à se
retirer, nous l'éteignîmes, et le mîmes sur une peau d'ours, ce
pauvre malheureux expira une demi heure après devant nous ;
nous entendîmes que les autres venaient à nous en chantant, nous
les attendîmes quelque temps, mais la peur les prit, ils n'osèrent
approcher, nous retournâmes à notre cabane sur les dix heures, ils
rencontrèrent nos chasseurs qui les affermirent tellement qu'ils
les amenèrent à nous chantant avec un bâton à la main, fait en
manière de guerre, nous les embrassâmes frottant leurs ventres, on
leur donna à fumer et des présents de toute manière, ensuite M.
d'Iberville envoya à la cabane quérir la chaudière ; nous mangeâmes ensemble, deux vieilles pilaient en même temps du blé d'Inde,
ensuite ils nous nommèrent leurs alliés et nous apprîmes quelques
mots de leur langue, ensuite nous nous retirâmes chez nous.

Le lundi 16. La chaloupe alla côtoyant ; M. d'Iberville, son frère,
le père Anastase et quelques autres, allâmes à leurs cabanes que nos
gens avaient vu le jour auparavant, nous trouvâmes des marais
assez difficiles, deux de nos gens qui nous dévançaient les ayant
trouvé tirèrent deux coups de fusil qui étaient le signal ; aussitôt
nous y allâmes, le temps était extrêmement beau, les ayant trouvé,
on fit des présents à ceux que nous avions pas encore vus, on leur
proposa s'ils voulaient venir avec nous dans notre chaloupe qui
était là, que nous leur laisserions 3 de nos gens à leur place ce
qu'ils acceptèrent ; M. d'Iberville laissa son frère nommé M. de
Bienville garde-marine, aussitôt nous nous embarquâmes dans la
chaloupe avec trois sauvages nous arrivâmes à nos vaisseaux à
trois heures après midi ; on les régala, on leur fit des présents con-
sidérables, ils y couchèrent, les sauvages étant à une portée de pistolet des vaisseaux, le chef chanta la chanson de paix.

2

Le mardi 17. On leur fit voir toutes les manœuvres du vaisseau et les canons, on tira même à balle devant eux, ils ne pouvaient assez considérer ce qu'ils voyaient, après-midi, M. d'Iberville s'embarqua avec eux pour les ramener, il faisait un bon vent de sud, et en arrivant, il trouva tous les sauvages qui l'attendaient pour lui présenter le calumet, il leur fit des présents de toute façon, il leur fit connaître qu'il haïssaient les Espagnols, il passa le mercredi 18 avec eux, ils lui promirent qu'ils iraient avec lui, ils lui nommèrent leurs alliés, qui sont les Ommas et les Faugibas, desquels nos gens eurent connaissance en descendant le Mississipi, ils dirent à M. d'Iberville qu'ils allaient à la chasse pour tuer les bêtes pour lui faire festin qu'ils lui apporteraient du bœuf qui sont fort nombreux, du chevreuil et coq d'Inde, qu'ils allaient à 10 lieues de là, qu'ils reviendraient dans trois jours ; qu'aussitôt qu'ils seraient arrivés de chasse, ils feraient une grande fumée ; que lui quand il la verrait il tirerait trois coups de canon ; aussitôt M. d'Iberville, le vent étant bon nord, mit à la voile, il arriva le jeudi 19 à midi à bord, il nous a dit toutes ces nouvelles qui nous ont réjoui, ils admirèrent entre autres choses sa longue-vue, ils ne pouvaient comprendre comment on voyait loin d'un côté et de l'autre fort près, l'eau-de-vie qui brûlait et qu'après on la buvait, ils promirent qu'après le festin, ils reviendraient avec nous à Mississipi, ils dirent qu'ayant entendu tirer du canon, ils étaient venus, qu'ils avaient la guerre avec les Quinipissa qui sont 25 lieues dans le Mississipi ; ils savaient que M. de la Salle s'était battu contre eux.

Le samedi 21. M. le Marquis de Chateaumoran mit à la voile à 6 heures du matin pour St. Dominique, à midi nous vimes la fumée au même endroit que les sauvages nous avaient marqué, aussitôt M. d'Iberville qui dinait au marin fit tirer trois coups de canon, au soir on en tira encore deux, on disposa les deux biscayennes pour partir.

Le dimanche 22 au matin. M. d'Iberville, M. de l'Esquelet, lieutenant de la *Badine*, tous Canadiens de son bord ,M. de Surgère, M. de Sauval, enseigne de navire, avec les Canadiens du même bord, partirent à 7 heures du matin pour le festin avec un vent d'Est.

Le lundi 23 et le mardi 24. Grand vent de nord-onest qui fut cause que les sauvages ne vinrent pas, nos Messieurs les ayant attendus.

Le Mercredi 25. M. de Surgère, M. de l'Esquelet et M. de Sauval revinrent à quatre heures du soir, M. d'Iberville étant resté pour attendre les sauvages, étant arrivés, on disposa dix falouques pour partir de grand matin pour aller reconnaître la rivière de Tasconbala avec des vivres pour dix à douze jours ; Messieurs de la Villantray, de Sourdys enseigne et Eateau pilote, on sonda autour de nos vaisseaux, on trouva 17 pieds d'eau au large et plus à terre jusqu'à 2 brasses.

Le jeudi 26. M. de la Villantray, de Sourdys, enseigne avec deux pilotes partirent dans les deux falouques pour aller reconnaître la rivière ci-dessus qui est à l'Est de nos navires, ils ont été à la grande terre trouver M. d'Iberville pour prendre ses ordres ; cette rivière est dix lieues à l'est nord-est de l'Isle où nous sommes mouillés, on trouve au nord d'est d'ici une Isle qui s'étend sud-est et Nord-Ouest une lieue au dedans de laquelle il y a 3 brasses d'eau et les navires peuvent y être à l'abri de tout vent, qui est dans la route de cette rivière, on y peut faire de l'eau et du bois, et ne peut être eloigné de la grande terre que de deux lieues, et de là à cette rivière il y a presque pas d'eau, elle a environ une grande lieue d'embouchure, elle se décharge, à la mer par quatre branches qui sont fermées par deux Islets qu'elle a à son embouchure. M. d'Iberville revint de la terre où il était resté avec la biscayenne pour tâcher de trouver quelques sauvages afin de pouvoir avoir quelque connaissance de la rivière Mississipi, ceux qui lui avaient promis de le régaler dans quatre jours l'ayant manqué de parole, soit à cause du mauvais temps qu'il fit pendant cette intervalle, ou peut-être que teur chasse ne fut pas bonne.

Le vendredi 27. M. d'Iberville, son frère, et 20 hommes s'embarquèrent dans la biscayenne, M. de Sauval, lieutenant du *Marin* avec le père Anastase, récollet, Eateau pilote et 20 hommes s'embarquèrent dans l'autre biscayenne qui faisait en tout 51, tant Canadiens que flibustiers que pris à la côte St. Dominique, qui devaient rester là en cas que nous eussions trouvé un terrain propre pour un établissement, nous avions pour 20 jours de vivres, et nous étions tous armés de fusils, de pistolets, sabres et bayonettes, épées, et deux pierriers dans chaque biscayenne pour nous défendre des insultes des sauvages au cas qu'ils se fussent opposés à notre découverte.

Le même jour, sur les 9 heures du matin, nous mîmes à la voile avec un canot d'écorce, chacun à la remorque d'un vent de sud-est assez fort, temps couvert, nous fîmes le sud-ouest quart d'ouest pendant une harbage, ensuite nous vinmes au plus près, les *vents se hâtant* au sud sud-est et pour passer au large d'une Ile qui est deux lieues à l'ouest de notre Ile où nous sommes mouillés, au sud de cette Ile, nous trouvâmes un haut fond, où la mer roulait beaucoup, continuant notre route au sud-ouest et au sud-ouest quart de sud nous trouvâmes quatre petits Islets qui ne sont que des sables fort près les uns des autres qui s'étendent au nord et sud; nous traînâmes plus d'un quart de lieu n'y ayant que deux pieds d'eau, la mer était fort belle, quoiqu'il venta beaucoup étant à l'abri des autres islets qui sont au large les vents sautèrent tout d'un coup au nord-est, nous gouvernâmes au sud près d'un islet, nous donnâmes plusieurs accoulées n'y ayant que deux pieds d'eau et demi ayant fait depuis cet islet deux lieues au sud-est, nous découvrîmes un autre enfoncement, et la terre qui courait à l'est sud-est qui est formé par plusieurs islets que la mer couvre des mauvais temps. Ensuite nous fîmes trois lieues depuis le sud-ouest quart d'ouest jusqu'au sud sud-ouest pour nous parer d'une quantité d'islets que nous trouvions dans notre route, sur les cinq heures et demi nous mîmes à terre à la pointe d'une isle qui s'étend au nord et sud où nous cabanâmes sans trouver d'eau douce.

Le samedi, 28, sur les six heures du matin nous nous embarquâmes d'un temps de brume que l'on ne voyait presque pas qui se dissipa quelque temps après, nous fîmes plusieurs routes entre le sud et l'ouest pour nous parer d'une quantité d'islets que nous trouvions jusqu'à un enfoncement que formait une grande isle noyée où nous voulions avoir passage, nous y mîmes pied à terre, nous y trouvâmes des quantités d'huitres qui ne sont pas si bonnes qu'en Europe, l'eau étant sommate entre les islets à cause des eaux du fleuve qui s'y répandent dans les mois d'avril et mai ; nous y restâmes une heure, n'ayant pas pu trouver de passages, nous retournâmes sur nos pas, étant hors de cet enfoncement, nous fîmes le sud-est tout le long qui parait dans son milieu contiger à la grande terre qui a deux branches, dont l'une court au sud-est, et l'autre au nord-ouest, au dedans desquelles il y a un lac ; à la pointe du sud-est de cette ile, il y a un petit lac qui traverse tout par lequel nous voulûmes passer croyant abréger notre chemin, mais nous n'y trouvâmes pas assez d'eau, ce qui nous obligea de continuer notre route ; à la même pointe, il y a un petit islet qui n'en est éloigné que de la portée d'un boucanier, nous passâmes entre les deux, après avoir doublé cette pointe, nous avons vu la terre qui courait à l'ouest, nord-ouest, et une autre au sud-ouest quart d'ouest qui n'est autre chose que des islets que la mer couvre des mauvais temps, et qui tremble même sous les pieds quand on laisse tomber quelque chose de pesant, nous fîmes de là l'ouest sud-ouest, les vents étaient pour lors au sud, nous vîmes une passe entre des islets en dedans desquels nous entrâmes sur les quatres heures du soir où nous cabanâmes ; sur les cinq heures, il s'éleva un orage au nord-ouest, il tonna, et fit de grands éclairs avec une pluie continuelle toute la nuit, et gros vent variable, nous tendîmes nos voiles et pavillons pour faire de l'eau n'en ayant pas, et ne s'en rencontrant pas dans l'ile, et ne sachant pas le chemin que nous avions à faire.

Le Dimanche, 1er jour de Mars.—Le mauvais temps continuant avec la pluie jusqu'à midi que les vents sautaient à l'ouest, nord-ouest, temps sombre, petits vents, sur le matin du même jour, M. d'Iberville fit couper la tige des petits arbrisseaux qui viennent sur les îles pour mettre dans les cabanes, y ayant plus d'un demi pied d'eau dedans, et même par dessus toute l'îsle, en sorte que nous étions obligé de nous tenir debout le long du feu pendant toute la nuit, on creusa par toute l'isle pour trouver de l'eau, mais elle était toujours sommate, on y tua plusieurs chats sauvages, nous y restâmes jusqu'au lundi dedans ce triste endroit.

Le lundi 2, sur les 6 heures du matin, nous mîmes à la voile d'un vent de nord assez fort, nous fîmes plusieurs routes entre le sud-ouest et le sud-est pour sortir d'un labyrinthe d'ilets dont nous étions enveloppés ; après avoir doublé une pointe où nous donnâmes une accoulée, nous vîmes la grande terre qui courait au sud sud-est, nous la longeâmes tout le long, la mer était si grande que nous fûmes obligés de mettre nos feignes qui était une toile goudronnée d'environ un pied de haut au dessus de notre bord que nous étions obligés de tenir pour empêcher la mer de s'embarquer. Nous arrivâmes pendant un moment pour tenir la terre de plus près ; et de crainte aussi de repasser la rivière, nous vîmes la terre qui courait encore au sud sud-est et au sud-est, nous tinmes les vents au plus près avec les ris dans notre grande voile pour tâcher de nous élever de la côte, les vents y battant tout à fait, après avoir été pendant deux heures au plus près à battre la mer qui nous mangeait et craignant que quelque coup de mer nous comblât à cause d'un canot d'écorce que nous avions mis dedans. M. d'Iberville arriva vent arrière sur la côte, et nous ensuite étant résolus d'échouer nos petits bâtiments à la côte et de tacher de les hâler en haut pour nous en retourner à nos vaisseaux, ne pouvant y aller par d'autres voies, la terre étant toute inondée et remplie de lacs, nous aperçûmes une passe entre deux buttes de terre qui paraissaient comme de petites îles ; nous vîmes changer l'eau que nous goutâmes et trouvâmes douce, ce qui nous donna une grande consolation dans la cousternation où nous étions, peu de temps après nous aperçûmes l'eau fort épaisse et toute changée, à mesure que nous approchions nous découvrions les passes de la rivière qui sont au nombre de trois, et une rapidité de courant si grande que nous ne pouvions presque avancer, quoiqu'il venta, nous passâmes entre ces deux buttes de terre, nous vîmes dans le milieu de cette passe un brisant sur lequel nous pensâmes nous perdre, ayant de la peine à le doubler, nous en étant aperçu trop tard, ce brisant gît au nord-est et sud-ouest des buttes de terre qui sont le plus dans le rivière du côté du bas bord en entrant, l'entrée de cette rivière court au sud-est et ouest, nord-ouest et peut avoir environ un quart de lieue de large à son embouchure, et la côte court au même rumb de vent, qui n'est autre chose que deux langues de terre de la portée d'un boucanier de large, de sorte qu'on avait la mer des deux côtés de la rivière qui court le long de la côte ce qui fait qu'elle est si inondée. Sur les quatre heures du soir, nous mîmes à terre à une lieue et demi dans la rivière parmi les roseaux dont la côte est bordée des deux bords, si épais qu'on a de la peine à y voir et qu'il est impossible d'y passer à moins que de les casser et le dedans de la côte est rempli de marécages impraticables. La côte est aussi bordée de quantité d'arbres d'une longueur prodigieuse de ravine que la rapidité du courant entraîne à la mer, il est impossible de mettre pied à terre, sans passer par dessus, qui n'a pas plus d'un demi-pied au dessus de l'eau, nous avons trouvé deux petits bras d'eau grands comme nos ruisseaux en France qui se perdent dans la mer du côté du nord, nous eûmes de l'eau en abondance pour vivre, mais en échange, on retrancha le pain, ne mangeant que de la bouillie avec un peu de lard ; il y avait toujours des hommes en faction de crainte de quelque surprise, nous ne trouvâmes qu'environ douze pieds d'eau dans la passe, et il peut y avoir près de deux pieds de levée, un fond très-doux, et en dedans 12 à 15 brasses, de sorte que les navires peuvent aller le beaupré sur la terre étant tant eccare.

Le mardi 3, sur les 7 heures du matin, on dit la messe, et on chanta le *Te Deum* en reconnaissance du fleuve du Mississipi, ensuite on dina fort succinctement voulant épargner les vivres, n'ayant que deux barriques de pain, peu de pois et un quart de farine pour les deux biscayennes, nous mîmes à la voile d'un vent d'est nord-est, à un quart de lieue de notre couché, nous trouvâmes un grand bras d'eau qui courait au nord-est et brisait presque partout ; sur les 9 heures du matin, nous dématâmes d'une rafalle de vent au travers des deux bras d'eau dont l'un court au sud-est et l'autre au sud-ouest qui sont près l'un de l'autre et ne sont éloignés que de trois lieues de l'embouchure, nous mîmes aussitôt à terre pour ajuster notre mat, où nous trouvâmes des framboises en quantité qui étaient presque mures et quelques arbres çà et là de moyenne grandeur. Les deux bords de la rivière courent depuis l'ouest nord-ouest jusqu'au nord-ouest à 5 lieues de son embouchure, elle n'a que la portée d'un boucanier de large, elle a des petits arbrisseaux le long de sa côte des deux bords, principalement du côté du tribord en entrant, ses bords parraissent plus noyés, ne voyant pas de terre du tout, nous vîmes le long de la côte quantité de gibiers, canards, outardes, sarcelles et autres ; nous aperçumes aussi un loup-cervier qui courait le long de la côte et un rat qui est un animal qui porte ses petits dans une bourse qu'il a sous le ventre. Entre cinq et six heures du soir, nous mîmes à terre, où nous cabannâmes, quelques uns de nos gens furent à la chasse qui décóuvrirent plusieurs sortes de bêtes, cerfs, chevreuils et bœufs, un assez beau pays ; les vents furent toute la journée à l'est nord-est beau, frais et un froid fort piquant, nous fimes huit lieues, la voile nous ayant beaucoup aidé, nous pouvions être dix lieues de l'embouchure. On fit la chaudière pour souper comme à l'ordinaire. Les Canadiens et les flibustiers firent le quart tout la nuit étant alternatifs avec les matelots. La chaudière deux heures avant le jour pour dejeuner.

Le mercredi 4, Jour des Cendres, on donna les cendres à tout le monde et ensuite on dit la messe, après avoir planté une croix et déjeuné sur les sept heures, nous embarquâmes, le vent était tout calme ; nous ramâmes environ deux lieues. La rivière monte au nord-ouest et nord-ouest quart d'ouest, ensuite elle va au nord-ouest quart de nord et au nord nord-ouest, nous vîmes des canots qui sont faits avec trois paquets de cannes liées ensemble avec de petits bois par le travers, dessus et dessous, apointé par le bout afin de traverser plus facilement. Les sauvages se servent de ces canots quand ils sont en chasse pour traverser d'un côté à l'autre ; sur les 6 heures du soir, nous mîmes à terre où nous cabannâmes, nous montâmes sur des arbres, nous aperçumes la mer à une demi lieue de nous, nous trouvâmes la rapidité du courant plus forte qu'à l'ordinaire ; un de nos canots d'écorce avec trois hommes qui avaient resté derrière à la chasse ont vu au montant trois crocodiles au bord de la rivière, nous fîmes cette journée 8 lieues, parceque la voile nous servit beaucoup. Les bois commençaient à grossir et n'étaient pas épais, on pouvait voir à travers, un pays fort marécageux en dedans. Nous faisions 18 à 19 lieues dans la rivière.

Le jeudi 5, trois de nos gens allèrent à la chasse dès la pointe du jour ; ils virent beaucoup de pistes, et entendirent des hurlements des bêtes, on planta une croix et on fit plusieurs marques à des arbres, on tira aussi un coup de pierrier pour avertir les sauvages, on déjeuna à l'ordinaire de la bouillie qui avait été faite avec de l'eau et du lard, on réservait le lard pour le déjeuner, nous vîmes un crocodile de la grosseur de la cuisse au bord de l'eau au soleil, les gens prirent aussitôt le canot d'écorce que nous avons à la remorque et lui tirèrent un coup de fusil, il se jeta aussitôt dans la rivière, sur les 11 heures nous vîmes une grande fumée que les sauvages qui vinrent à la chasse avaient faite, tant pour renouveler l'herbe sèche qui est dans la prairie que pour faire sortir le bétail pour le tirer plus facilement. A midi, nous mîmes à terre pour dîner, le vent nous étant contraire, sur les trois heures, nous vîmes en remontant la rivière un canot fait d'un tronc d'arbre creusé par le feu. Nous l'eussions hâlé en haut s'il n'eût pas été fracassé, la rivière courait au nord-ouest, et au nord-ouest quart d'ouest entre les cinq et six heures nous mîmes à terre en dedans d'une pointe où nous cabanâmes et fîmes la chaudière à l'ordinaire, notre journée valait 6 lieues et pouvions être 24 lieues dans la rivière.

Le Vendredi 6.—On distribua deux corbeillons de pain à 26 avec de la bouillie on tira ensuite un coup de pierrier, sur les 7 heures nous nous embarquâmes d'une brûme si épaisse qu'à peine pouvait-on voir. La rivière continue son cours au nord-ouest et au nord-ouest quart d'ouest qui est à 27 lieues de son embouchure. Ensuite elle serpente depuis le nord-ouest jusqu'à l'est, et vient par l'est nord-est au nord-ouest au soleil couchant nous mîmes à terre où nous cabanâmes. On fit monter un homme à sa découverte qui ne vit rien, deux de nos gens qui s'étaient embarqués dans l'un des petits canots d'écorce, nous dirent avoir vu trois crocodiles dont il y en avait un d'une grosseur prodigieuse, sur les 7 heures on tira un bœuf, nous faisions à 80 lieues dans la rivière.

Le Samedi 7.—Sur les 7 heures du matin, nous nous embarquâmes après avoir planté des croix, et en avoir fait aux arbres, calme plat, sur les 9 heures en longeant la côte, nous vîmes trois bœufs couchés proche la rivière, nous mîrent cinq hommes à terre pour les suivre ce qu'ils ne purent faire, s'étant aussitôt perdus dans le bois et les roseaux. Un peu de temps après, au détour d'une pointe, nous vîmes un canot avec deux sauvages qui se mirent à terre, dès qu'ils nous aperçurent, ils s'enfuirent à une portée de fusil dans le bois ; plus loin, nous en virent cinq qui firent la même chose, à l'exception d'un qui nous attendait au bord de l'eau, auquel nous parlâmes par signes. M. d'Iberville fit embarquer tous nos gens dans nos biscayennes de crainte de les intimider et fit entendre aux sauvages d'appeler tous ses camarades, ce qu'il fit en chantant leur chanson de paix, peu de temps après, ils s'approchèrent de nous en faisant la même chose, en étendant les bras vers le soleil, et en se frottant le ventre qui est une marque de leur admiration et de leur joie, et lorsqu'ils furent proches de nous, ils nous passèrent la main sous le ventre, et étendirent les bras sur nous ce qui est un grand signe d'amitié parmi eux.

M. d'Iberville leur demanda par signes si les sauvages que nous

avions vu à la Grande qui étaient vis-à-vis de nos navires étaient
arrivés, ils nous firent entendre que oui et qu'ils avaient monté par
un petit bras d'eau qui sort de ce fleuve et se décharge à la mer en
ce même lieu où il les avait trouvés, il leur demanda si leur village
était bien éloigné, ils firent entendre qu'il y avait cinq journées en
nous montrant depuis le lever du soleil jusqu'à la nuit, ce qui nous
consterna bien, car nous commencions à nous fatiguer et manquions
de vivres. M. d'Iberville leur donna de la rassade, des couteaux et
miroirs; ils lui donnèrent en échange de l'ours et du bœuf bou-
canné qu'ils avaient dans leurs cannots, nos gens même en trafi-
quaient pour des bagatelles; un bon vieillard étendit sa viande lot
par lot comme on fait dans nos marchés en Europe et s'assit auprès,
deux de nos gens furent à lui, ils lui donnèrent chacun un couteau
et emportèrent la viande, il pouvait y avoir cent livres ; ils parurent tous trois fort contents. M. d'Iberville leur demanda s'ils voulaient monter avec nous à leurs villages, ils nous firent entendre
qu'ils allaient à la chasse et qu'ils ne pouvaient pas aller avec nous,
il promit à un d'eux une hache pour venir avec nous, ce qu'il
accepta de bon cœur, car ils les estimaient beaucoup. On leur
demanda s'ils avaient entendu les coups de pierrier, ils nous firent
entendre qu'ils avaient entendu deux coups. Après avoir tiré un
devant eux, on vit ces gens tomber dans de grands étonnements
n'en ayant jamais entendu de semblables. Après avoir resté près de
deux heures avec eux, nous nous embarquâmes dans nos chaloupes
et un sauvage avec nous, auquel on donna une chemise devant ses
camarades qui ne parurent pas être jaloux, tant ils sont indifférents.
La rivière court depuis notre couché au nord-ouest à l'ouest et au
sud-ouest, à une heure après-midi nous nous mîmes à terre pour
diner ; elle court ensuite au sud sud-ouest et au sud, une demi lieue
après, elle revient au nord-ouest par l'ouest, sur les six heures du
soir nous mîmes à terre où nous cabanâmes, et nos gens firent le
quart à l'ordinaire, nous fîmes dans notre journée cinq lieues, 35
lieues de l'embouchure.

Le Dimanche 8.—Après la messe, nous nous embarquâmes sur
les 7 heures, la rivière court depuis le sud-ouest jusqu'au nord-
ouest par l'ouest nous trouvâmes les courants plus rudes qu'à l'ordinaire, il nous fallait chercher les détours des pointes en traversant la rivière 3 à 4 fois, il fit pendant la journée une très grande
chaleur, sur les cinq heures du soir, il s'éleva un orage qui nous
obligea de mettre à terre pour cabaner à cause de la pluie, nos gens
tuèrent un crocodile auquel on ôta la peau, ensuite on le mit au
pat pour manger, ils tuèrent aussi un serpent sonette de plus de
six pieds de long, dont la morsure est fort à craindre, étant mortelle,

il venta toute la nuit un gros vent de nord, et fit un très grand froid ; nous fîmes dans notre journée quatre lieues, 39 lieues de l'embouchure.

Le Lundi 9.—Sur les 7 heures du matin, après avoir fait des croix à l'ordinaire, nous nous embarquâmes ; à midi nous mîmes à terre pour dîner, ce que nous faisions ordinairement lorsqu'il ne ventait pas ; nous vîmes en même temps une fumée du côté du bas bord de la riviére en montant ce qui nous fit croire que le village n'était pas loin, mais nous nous trompions fort en étant encore éloignés de 20 lieues, comme nous le vîmes dans la suite, les courants continuèrent leur rapidité comme le jour précédent ce qui nous obligea de traverser trois fois la rivière pour prendre les détours des pointes. La rivière serpentant depuis le nord jusqu'au sud par l'ouest, à soleil couchant nous cabanâmes, nous fîmes cinq lieues, quarante quatre lieues de l'embouchure.

Le Mardi 10.—Sur les sept heures du matin, nous nous embarquâmes, la rivière court depuis le nord-ouest jusqu'au sud sud-ouest, ensuite elle revient à l'ouest nord-ouest, sur les 10 heures, nous vîmes une autre fumée du côté du bas bord que nous crûmes être le même du jour précédent, mais nous nous vîmes ensuite le contraire sur le midi, nous mîmes à terre pour dîner n'y ayant point de vent du tout, à mesure que l'on monte dans la rivière, on trouve les arbres plus gros et plus touffus, et la terre plus haute que dans le bas, jusqu'à quatre et cinq pieds de hauteur qui inonde dans les débordements près d'un pied au-dessus de la terre, dont les marques paraissent aux arbres, sur les cinq heures du soir, nous cabanâmes, nous fîmes dans notre journée six lieues, 50 lieues de l'embouchure.

Le Mercredi 11—La pluie continua toujours qui nous empêcha de partir, l'après-midi la pluie ayant cessé, plusieurs de nos gens allèrent à la chasse, entre autres deux matelots Bretons allèrent dans le bois avec chacun leur fusil, qui s'y enfoncèrent si avant qu'il leur fut impossible de retrouver leur chemin, le bois étant trop touffu, et les carmes trop épaises, sur les sept heures lorsque nous vîmes qu'ils ne revenaient point, on tira quelques coups de mousquet par intervalle du côté où ils étaient allés, la pluie recommença sur le soir qui dura toute la nuit.

Le Jeudi 12.—Sur les cinq heures du matin M. d'Iberville fit tirer un coup de pierrer et détacha quatre hommes hommes qu'il envoya dans le bois pour découvrir leur piste et leur dit de tirer quelques coups de fusil quand ils seraient avancés dans le bois, ce qu'ils firent après avoir entré une lieue, ils s'en revinrent et rapportèrent qu'ils avaient entendu un coup dans le bois fort loin, qu'on ne voyait pas leur piste à cause de la pluie qu'il avait fait pendant toute la nuit. Sur les 8 heures du matin, il détacha 8 hommes avec chacun leur boussolle qu'il envoya à plusieurs rhumbes de vent, il leur fit prendre du pain, au cas qu'ils les trouvassent, et leur défendit de venir que lorsqu'il ferait tirer un coup de pierrier, il envoya aussi la chaloupe deux lieues le long de la rivière pour voir s'ils ne les trouveraient point ; entre 4 et 5 heures du soir, il fit tirer un coup de pierrier pour faire revenir ses gens, le temps fut fort sombre pendant tout le jour.

Le vendredi 13.—Sur les 7 heures du matin nous nous embarquâmes. La rivière fait plusieurs détours, sur les cinq heures du soir, nous trouvâmes deux canots chargés de mille ; nous fûmes à eux, M. d'Iberville leur donna de la rassade, des couteaux et autres choses pour leur mille dont ils parurent fort contents. Il y en avait un de la nation de Vacha et l'autre Galiagula qui retourna le même soir au village ; nous montâmes un moulin de fer que nous avions pour moudre du bled d'Inde, ayant mangé le baril de farine en bouillie, ayant fort peu de pain, nous commençâmes à faire de la sagamité qui n'est autre chose que du bled d'Inde mouillé ou écrasé, bouilli avec de l'eau et un peu de gras de lard fondu pour assaisonnement sans autre chose que cela pour nous substanter pour boire, l'eau de vie ayant manquée ; j'allai oublier de dire que sur les trois heures, nous trouvâmes un grand bras d'eau qui court au sud-est, dans lequel il y a plusieurs nations de sauvages habitées qui peut être à 55 lieues dans la rivière. Nous fîmes cette journée là 6 lieues, n'ayant pas trouvé les courants si violents à cause de ce bras d'eau qui les diminuait beaucoup.

Le samedi 14.—Sur les 6 heures et demi, nous nous embarquâmes pour le village que nous savions n'être pas éloigné à ce que les sauvages nous firent entendre que nous avions vu vendredi au soir, nous ramâmes à force afin d'arriver plus tôt ; la rivière serpente par plusieurs détours que nous traversions pour prendre les remons ; sur les deux heures après-midi, nous vîmes un canot dans lequel il y avait quatre sauvages, savoir : 2 hommes et deux enfants avec un homme de 25 à 30 ans et un vieillard auquel on avait enlevé la chevelure ayant été pris en guerre, il était couvert d'une peau d'ours, le visage barbouillé de boue, croyant être plus beau, tenant en sa main un calumet d'environ 3 pieds de long enrichi de plusieurs plumes d'oiseau de diverses couleurs. Il était député du chef de Mauyoulacha, nous nous vîmes ensemble sans nous arrêter aux cérémonies des calumets qui sont fort longues comme on le verra par la suite. Lorsque nous fûmes près le village, l'ambassadeur avec ses associés chantèrent plusieurs chansons de paix, en faisant quantité de hurlements ; les sauvages s'assemblèrent sur une éminence au bord de l'eau d'environ 6 pieds de hauteur, dont ils avaient coupé les cannes pour nous recevoir. Sur les quatre heures du soir, nous arrivâmes à ce lieu de plaisance où nous trouvâmes les cannes coupées qui ont plus de 25 pieds de hauteur droites comme un jonc, grosses d'un pouce et demi, si touffues qu'il est difficile de marcher dedans. Le chef avait plus de soixante sauvages parmi lesquels il y avait quelques femmes, qui est la plus grande marque d'amitié quand ils les amènent ; M. d'Iberville fut salué à la manière des sauvages, ils commencèrent à lever les mains au soleil, comme par admiration, puis ils passèrent les mains doucement sur le ventre, qui est une très grande caresse parmi eux ; ils en firent de même à M. de Sauval, de Bienville et au père Anastase, ensuite à nos gens. Nous leur rendîmes la pareille, ils nous firent asseoir sur des cannes sur lesquelles ils avaient étendu un peau d'ours, ils présentent le calumet de paix que nous acceptâmes et le chef s'assit au milieu de nous ; les autres sauvages firent la même chose à nos gens, les uns après les autres, et les firent tous fumer. On apporta ensuite quantité de bled d'Inde différemment apprêté, dont il y en avait un pain tant rond que long qu'ils font cuire sur la cendre après que les femmes ont pilé le millet, d'autre cuit avec de la graisse d'ours et d'autre en sagamité avec des fêves molles, parmi et d'autre en farine cuite ; nous en mangeâmes un peu de chaque sorte, et donnâmes le reste aux équipages qui le portèrent aux chaloupes. M. D'Iberville leur donna de l'eau de vie parmi laquelle il avait mêlé de l'eau, dont chacun but un coup fort petit la trouvant trop forte, n'ayant jamais bu de cette sorte de liqueur, ensuite il leur donna de la rassade, des aiguilles, des miroirs, des couteaux et autres bagatelles qu'ils portèrent tous un peu à chacun. Toutes ces cérémonies, aussi bien que le repas magnifique durèrent jusqu'à six heures qu'il fit chanter toute la jeunesse tenant chacun une gourde à la main avec des petites graines dedans qu'ils accordaient fort bien à leur voix en les maniant à la fin de leurs chansons qui ne sont pas fort longues, et répétant presque les mêmes mots quoiqu'ils les mettent sur différents airs, ils font des hurlements affreux qui retentissent plus d'une lieue dans les bois. Cette douce harmonie ayant duré plus de deux heures, le chef s'en était allé pendant cet intervalle, et nous dit adieu à sa manière, nous lui fîmes entendre que nous irions le lendemain à leur village, ils allumèrent des flambeaux qui sont des fagots de canne secs, auxquels ils mettent le feu, et puis ils les plantent debout dans le milieu de la place, ce qui éclaire fort bien ; puis ils se levèrent 4 debout, qui dansèrent en chantant et en hurlant de temps en temps, étendant les bras et frappant des pieds à tous moments de toute leur force ce qui dura plus d'une heure. Ils s'en allèrent presque tous peu de temps après à l'exception de quatre à cinq qui restèrent avec nous. M. d'Iberville leur demanda si la fourche était encore beaucoup éloignée, ils nous firent entendre qu'il n'y en avait pas. Nous crûmes qu'ils nous disaient cela afin que nous fussions établis parmi eux, ce qui était impossible, étant trop avancés dans la rivière, autre qu'elle serpente d'une si grande force, qu'en six lieues de chemin il faut faire presque le compas, nous marquions la rivière sur du papier avec du crayon ce qu'ils concevaient assez bien. Ensuite nous leur donnions le crayon pour marquer la fourche à l'endroit où on croyait qu'elle était, en leur montrant le lieu où nos vaisseaux étaient qu'ils appellent en leur langue *Tinanis* qui signifie canots. Ils persévérèrent toujours à nous dire le contraire et qu'il n'y avait pas de fourche. A la fin, lassés de nos demandes, ils nous firent entendre qu'il y en avait une par laquelle ils avaient monté, mais qu'il n'y avait pas d'eau et qu'il leur avait fallu porter plusieurs fois leurs canots. Enfin sur les 11 heures, ils firent un feu proche de nos tentes pour se coucher à cause du froid, n'ayant presque rien pour se couvrir. Nous nous retirâmes jusqu'au lendemain matin. J'allai oublier de dire que le calumet que M. d'Iberville avait donné au chef des Bayongaula à la grande terre quatre lieues de nos vaisseaux était de trois à quatre pieds de long fait d'acier, et l'endroit où on mettait le tabac sur le bout duquel il y avait un pavillon blanc on avait gravé les armes du roi. Ils mirent du tabac dedans qu'ils allumèrent et lui présentèrent pour fumer, après M. de Sauval à M. de Bienville et au père Anastase qui feignit de fumer, ils firent deux petites fourches de la grosseur du doigt, et de la hauteur de trois pieds, sur lesquelles ils le posèrent, ils firent aussi un sac de peau pour le mettre, enfin ils ont une très-grande estime pour le calumet. Je vais présentement faire voir leurs manières, leurs mœurs, leur nourriture et leur habillement, entre autres celui du chef des Mayoulacha qui était vêtu d'un capot bleu à la canadienne, ses bas pareils, avec une cravate d'une vilaine étoffe rouge qui lui avait servi autrefois de brayer, le tout donné par M. de Couty qui avait descendu le fleuve pour trouver M. de La Salle. Il était d'une fièreté inconcevable, et ne riait jamais, regardait fixement les gens. Pour ce qui est des autres, ils ne sont vêtus que d'une méchante peau de chevreuil et d'ours qui les couvre depuis les genoux jusqu'aux épaules selon que la peau est grande, la plupart sont tous nuds, pas même leur nudité cachée avec un peu de mouches autour de leurs verges dont je n'ai pu découvrir la cause. Pour ce qui est des femmes, elles ont une grande peau d'ours qui les couvre, outre une une espèce de brayer qui les prend depuis la ceinture jusqu'aux genoux, ayant tous leurs seins, ventre et gorges découverts, elles ont toutes leurs cheveux coupés et même arrachés autour du front aussi bien que la barbe, ils laissent seulement une petite poignée de cheveux au bout de la tête, où ils attachent plusieurs plumes d'oiseaux de diverses couleurs; ils en mettent encore au dessus de leurs têtes qui sont comme des queues qui leur pendent par derrière, avec des grelots et de méchants morceaux de cuivre, comme des patés de nos chandeliers mais beaucoup plus minces, de sorte que quand ils dansent, cela fait un bruit que l'on dirait que ce serait un messager qui arrive dans une ville, ils ont même autour de leurs bras quantité de manilles, outre cela, ils ont le visage tout barbouillé, le tour des sourcis rougi de vermillon, la moitié d'une joue noircie et le nez percé, auquel il pend un morceau de corail de la grosseur du doigt aussi bien que les oreilles dans lesquelles ils mettent un certain morceau de bois de la grosseur du petit doigt. Quant à leur nourriture, ils ne vivent que de pain de bled d'Inde et fort peu de viande, n'en mangeant que lorsqu'ils vont à la chasse aux bœufs et ours qui sont quelquefois éloignés de leur village plus de 20 lieues au bas de la rivière, les chefs ont leur terrain borné pour la chasse, et lorsqu'on veut anticiper sur leurs terres, ils se font la guerre, nous tirâmes sur le soir un coup de pierrer qui les fit tous tomber en admiration. Leur village peut être éloigné de l'embouchure de 60 lieues; ils disent à tout moment afferro, qui signifie leur étonnement.

Le dimanche 15 sur les 4 heures, trois sauvages des principaux d'entre eux vinrent de leur village, chantant et hurlant une chanson avec leur calumet qu'ils présentèrent à M. d'Iberville pour fumer, ensuite aux autres messieurs et à tous ceux qui se trouvaient-là. Il leur fit boire à chacun un coup d'eau de vie, sur les 6 heures on dit la messe, ayant déjeuné, nous allâmes au village voir le chef avec des présents, que nous lui portâmes, comme un justaucorps d'écarlate avec un galon d'or faux, des bas rouges, deux chemises, des hardes, couteaux, rassade et miroirs; étant arrivés au village, ils nous firent asseoir sur des nattes, après avoir fumé, ils nous apportèrent du bœuf, de l'ours boucané et du pain dont nous mangeâmes un peu. Ensuite nous allâmes voir le village et et un temple dans lequel ils tiennent un feu qu'ils entretiennent continuellement. Il y a des figures de bêtes dessus, quelques marques de leurs sacrifices. Deux chevelures de leurs ennemis y pendent pour marques de leurs trophées; nous retournâmes à nos cabanes sur les 11 heures. Sur le midi, ils vinrent à nos tentes avec le chef qui avait revêtu l'habit que M. d'Iberville lui avait donné ; quelque temps après, les sauvages arrivèrent en foule au bord de l'eau, qui apportaient du bled d'Inde en plusieurs manières, en épis et en pains, ce qui nous fit beaucoup de plaisir parceque nous n'avions pas de vivres ; et ne sachant pas le chemin que nous avions à faire, tous nos gens allèrent au village qui trafiquèrent des peaux d'ours et de chevreuil passées, pour des couteaux et autres bagatelles qu'ils leur donnèrent. Je vis dans le milieu du village, qui est comme une grande place d'armes, deux grands pieux de la hauteur de 40 pieds devant leur temple, sur lesquels deux chevelures étaient posées. Il y a un chef qui a soin du feu du temple, le village est composé de quatre à cinq cents personnes des deux sexes, tant grands que petits avec de grandes loges faites en dôme dans lesquelles ils couchent plusieurs sur des nattes qui sont soulevées de quatre piquets de la hauteur de trois pieds de terre sous lesquels ils mettent du feu pour la nuit, afin de tenir leurs maisons ou cases chaudes, parceque les nuits y sont très-froides et qu'ils n'ont que quelques peaux remplies de pièces pour se couvrir, leurs champs où ils font leur millé sont auprès de leur village qu'ils bêchent avec des os de bœuf, ils passent la plus part de leur temps à jouer dans cette place avec de grands bâtons qu'ils jettent après une petite pierre qui est presque ronde comme un boulet. Lorsqu'il leur meurt du monde, ils les portent à 20 pas de leur village sur 4 piquets, où ils mettent leur corps, couvert de nattes dessus et dessous, fait comme un cercueil haut de quatre pieds de terre, auquel ils portent à manger. Le village est composé de deux nations qui sont les Manyoulacha et les Bayonyoula qui ont la même langue, et ont deux chefs dont celui des Manyoula-chas paraît le premier ; ils ne sont éloignés de la rivière que d'un quart de lieue, sur le soir, nous fîmes une grande croix sur laquelle on mit les armes de France.

Le lundi 16.—Entre 5 et 6 heures nous plantâmes notre croix ; tous les sauvages du village avec le chef vinrent nous voir embarquer, et 8 d'entre eux s'embarquèrent dans un de leur canot, et le chef des Bayonyoulas avec M. d'Iberville pour nous conduire au village des Ommas. La rivière serpente beaucoup et a un grand courant qui augmente lorsque le vent va comme elle. Ayant parti à 9 heures nous fîmes dans notre journée 5 lieues, sur les 5 heures et demi, nous cabanames près d'une lieue au dessus d'un bras qu'ils disaient à leur village être la fourche, qui n'est autre chose qu'un lac par lequel ils se rendent à quatre à cinq lieues de nos vaisseaux faisant plusieurs passages de leurs petits canots ; nous dimes au chef des sauvages avant de partir de leur village que deux de nos hommes étaient écartés dans le bois, étant allés à la chasse, nous leur fîmes entendre de leur donner de quoi vivre, et que nous leur rendrions en passant ce qu'ils conçurent fort bien.

Le mardi 17—Sur les 2 heures du matin nous embarquâmes, la rivière serpente par le même détour que le jour précédent, mais son courant n'est pas si rapide. A 3 lieues de notre couché, nous laissâmes les deux canots d'écorce, et celui des sauvages avec du monde pour la chasse, parceque nous n'avions qu'un peu de viande que nous réservions pour la mer en retournant à nos bords. Sur les 3 heures après midi, nous mîmes à terre près d'une petite rivière, qui est comme un lac, où les sauvages nous firent entendre qu'il y avait beaucoup de poisson, nous y trouvâmes plusieurs cabanes couvertes de *Lainière* faites par les Ommas qui y viennent en chasse et à la pêche; ils y avaient même planté un bois de 30 pieds de hauteur avec des arrêtes de poisson, nous mîmes nos filets dans le lac que nous ne levâmes que le lendemain quelques uns de nos gens furent à la chasse, ils virent des bœufs et des chevreuils qui disparurent dans les cannes; deux de nos gens que nous avions laissés à la chasse deux lieues plus bas vinrent par terre à nos cabanes, qui nous dirent avoir vu un crocodile d'une grosseur prodigieuse, nous fîmes dans notre journée 5 lieues parceque les vents nous favorisèrent beaucoup.

Le mercredi 18, nos canots et celui des sauvages vinrent nous joindre, nous partîmes aussitôt après avoir levé nos filets dans lesquels nous ne trouvâmes qu'une barbue, pour nos gens qui étaient restés deux lieues plus bas, ils trouvèrent un ours que les sauvages leur montrèrent dans le creux d'un arbre, un des sauvages monta au haut de l'arbre avec un tison qu'il laissa tomber dans le creux et descendit en bas; l'ours aussitôt sentant le feu monta en haut de l'arbre, M. de Bienville tira quelques coups de fusil et le tua, des sauvages le prirent lui faisant entendre qu'ils le lui avaient montré, il leur céda facilement. La rivière serpente depuis l'ouest jusqu'au nord-est, ensuite elle vient à l'ouest par le nord, sur les 3 heures, les sauvages nous montrèrent une petite rivière dont l'eau ne courrait point, par laquelle ils nous disaient que nous eussions abrégé notre chemin de plus d'une journée et demie. M. d'Iberville s'embarqua dans un petit canot d'écorce pour voir s'il y avait lieu d'y passer n'y ayant que quelques arbres qui bouchaient le passage, il fit mettre tous les Canadiens avec des haches à terre et le reste à hâler avec des cordes les chaloupes. On fit un chemin en applanissant la terre le plus qu'on put. Ensuite on présenta les halans, de sorte que nous hallâmes nos chaloupes de l'autre côté;

il pouvait y avoir 20 pas de terrain et 70 d'eau qui accourcissent de
plus de 6 lieues, comme nous le vîmes en descendant, pendant ce
temps là, nous envoyâmes nos canots d'écorce avec les chaudière
faire de la sagamité, de l'autre côté de la rivière, après avoir embarqué ce que nous avions à terre, à 18 lieues du village des Manyoulacha, nous vîmes une terre fort haute, ce que nous n'avions
pas encore vu depuis que nous étions dans la rivière, peu de temps
après, nous vîmes un sli qui s'étend un quart de lieue nord-ouest
et sud-est, la rivière court depuis le petit canot que nous trouvâmes au sud ; nous fîmes cette journée là près de 3 lieues.

Le Jeudi 19—Sur les 8 heures du matin, nous nous embarquions ;
la rivière fait plusieurs détours ; sur le midi, nous mîmes à terre
pour dîner qui n'était autre chose que du pain de blé d'Inde
fait aigre et pesant avec un petit morceau de lard entre une et deux
livres, nous embarquâmes, nous trouvâmes la rivière plus large
qu'à l'ordinaire ; les gens de nos canots ayant mis à terre pour
tâcher de trouver quelque chose, virent un chevreuil fraichement
mort qui avait été probablement étranglé par quelque loups cerviers.
M. d'Iberville le fit partager aux deux chaloupes ; et nous le mangeâmes quoique le ventre commença déjà à sentir. Les sauvages
firent aussi boucaner l'ours que M. de Bienville avait tué le mardi
précédent et nous en donnèrent ce qui fit faire un bon repas à nos
gens, sur les 6 heures, nous cabanâmes à trois lieues des Ommers,
nous tirâmes un coup de pierrier pour les exciter, nous fîmes dans
notre journée 6 lieues.

Le Vendredi 20.—Après avoir fait des marques comme nous en
avons fait partout où nous avons couché, nous nous embarquâmes
de grand matin, le fleuve serpente depuis l'est nord-est jusqu'à
l'ouest par le nord. La brûme était si épaisse que nous ne pûmes
pas voir une isle qui est environ une lieue plus bas que les Ommas.
Sur les dix heures, nous arrivâmes au bas de la rivière où les
Ommas attendaient. Nous trouvâmes trois des principaux de leur
nation qui chantaient tenant à la main un calumet ; ils présentèrent à nos messieurs à fumer, ensuite à nos gens, nous partîmes à
11 heures avec les sauvages, MM. d'Iberville, Sauval, Bienville,
le père Anastase et quatre Canadiens pour le village, le chemin
est très-difficile, la première demi-lieue des cannes est fort épaisse,
ensuite il faut marcher une demi-lieue dans l'eau, après des montagnes fort hautes et difficiles à descendre, étant obligé de mar
cher fort vite pour suivre les sauvages, qui n'ayant rien qui les
embarasse, marchent fort bien, étant sur une montagne à la vue
du village, nous nous reposâmes étant tout en sueur à cause de la
chaleur et de la vitesse dont nous avions marché ; ils nous donnè-

rent à fumer, et celui qui nous avait dit d'arrêter courut au village, il revint un moment après, nous fit signe que nous pouvions entrer aussitôt, nous nous mîmes en marche ; étant arrivé aux premières cabanes, comme il pleuvait, nous nous mîmes un moment à l'abri, étant passé, nous entrâmes à la grande place nous vîmes les trois chefs qui vinrent au milieu de la place nous recevoir avec chacun une croix à la main, ils nous emmenèrent dans le temple à cause de la pluie, nous firent asseoir sur des nattes, nous donnèrent à fumer, ensuite ils nous apportèrent à manger du bled d'Inde et des citrouilles et firent protestation d'amité ; **M.** d'Iberville leur donna des haches, de la rassade, deux chemises, une couverte, des couteaux, miroirs, aleines et grelots ; leur fit entendre qu'il leur donnerait autre chose quand ils iraient au canot, ce qu'ils comprirent fort bien, ils se levèrent tous pour le remercier criant 3 fois Haû Haû Haû, et étendant les bras, ce qu'ils n'omettent jamais quand ils se donnent quelque chose les uns aux autres. Le chef distribua des présents le remerciant tout de même ; la pluie étant finie, on étendit des nattes sur la place proche la cabane du chef, où ils nous donnèrent à fumer de moments en moments et apportèrent ensuite à manger, on disposa tout pour nous donner les divertissements, ils dansèrent plusieurs danses, les castagnettes à la main, les femmes et les filles mêlées avec la jeunesse matachées et accomodées à leur façon, lesquelles quoique sauvages faisaient fort bien ; le soir étant venu, ils plantèrent un fagot de cannes sèches, dansant jusqu'à minuit en nous donnant à fumer continuellement ; le chef ne nous quittant pas, c'était un vénérable vieillard de 60 ans ; ils nous laissèrent seuls à minuit, j'ai oublié de dire qu'étant parti à quatre heures et demi pour m'en retourner, ils me vinrent prendre par le bras pour me faire rester, disant que je n'avais pas de temps assez ; en effet ils sont à 3 grandes lieues de la rivière, nous les interrogeâmes sur la fourche de la rivière sans pouvoir rien apprendre, ce qui nous attrista beaucoup ne sachant quel parti prendre, croyant toujours qu'ils nous voulaient tromper.

Le mercredi 21 au matin, nous les interrogeâmes encore pour apprendre des nouvelles de la fourche sans pouvoir rien apprendre, nous voulions partir, mais ils nous dirent d'attendre, que les femmes pilaient du mil pour nous, qu'ils descendraient au bord de l'eau d'abord qu'ils l'auraient pilé, en même temps, six de nos gens armés arrivèrent étant en peine de nous, nous partîmes entre 10 et 11 heures, en sortant de la cabane du chef, on tira 3 coups, étant aux dernières cabanes on fit une seconde décharge, et sur la hauteur où nous nous reposâmes on en fit une troisième de toutes nos armes. Les sauvages vinrent nous accompagner et toutes les femmes aussi qui pleuraient notre sortie ; à une heure après-midi, nous arrivâmes à nos cabanes, nous informâmes nos gens de tout ce qui s'était passé le jour précédent à notre réception, ils offrirent des femmes à nos messieurs dont ils les remercièrent, ce qui est une marque de bonne amitié et de l'alliance qu'ils veulent faire avec nous, deux heures après que nous fûmes arrivés à nos cabanes, le chef avec quantité de sauvages vinrent chargés de bled d'Inde accomodé comme auparavant, les chefs tenant à la main chacun une croix de bois firent le tour de la croix que nous avions planté processiounellement, jettant du tabac dessus et autour, chantant à leur manière, ensuite ils présentèrent le calumet à nos messieurs, un des principaux d'entre eux harangua M. d'Iberville pendant une demi-heure où tout le monde parut fort attentif, quoique nous ne sussions ce qu'il disait ; toute la jeunesse dansa au feu du flambleau qu'ils allumèrent jusqu'à minuit, au bruit de deux morceaux de bois qu'ils frappaient les uns contre les autres. Sur le soir, M. d'Iberville fit quantité de présents, comme un beau tapis d'écarlate brodé tout au tour, avec des haches, des couteaux, de la rassade, des miroirs et autres choses, ils le remercièrent à leur façon comme je l'ai dit ci-dessus, ils lui avaient fait présent auparavant de quantité de peaux de chevreuils et d'ours ; dans la nuit le chef partagea aux sauvages principaux tout ce que M. d'Iberville lui avait donné ; pendant la nuit, plus de quarante sauvages des deux sexes furent à leur village chercher du bled d'Inde, qu'ils nous apportèrent avec quantité de citrouilles et quelques volailles qu'ils apportèrent le lendemain.

Le dimanche 22.—Le chef des Bayongoulas qui était venu avec nous de son village harangua M. d'Iberville et celui des Ommas aussi ; ensuite ils chantèrent autour de notre croix, et lui jettaient du tabac de temps en temps, comme si l'eussent voulu encenser ; le jour précédent, M. d'Iberville leur demanda s'il y avait encore loin jusqu'à la fourche, ils nous firent entendre qu'il n'y en avait pas, comme j'ai déjà dit, on leur traça la rivière avec un crayon et on leur marqua les nations qui sont dessus, ils persistèrent toujours à nous dire le contraire ; nous crûmes que le chef des Bayongoulas leur avait défendu pour les raisons que j'ai déjà dit, nous leur demandâmes s'il y avait loin pour aller aux Cossias, qui est une nation au dessus d'eux, marquée dans la relation de M. de La Salle, ils nous firent entendre qu'il y avait 9 journées ; nous feignîmes d'y vouloir aller à cause qu'il y avait un sauvage qui devait venir avec nous qui était Caënsa, nation plus haute dans la rivière, auquel nous avions fait des présents pour nous dire où était la fourche ; sur les dix heures du matin, nous nous embarquâmes, le chef des Ommas avec quelques principaux d'entre eux vinrent conduire M. d'Iberville sous les bras jusque dans sa chaloupe ; ceux des Bayongoulas firent de même à M. de Sauval auquel ils avaient donné un calumet le matin, les Ommas la même chose à M. de Bienville, ils s'embarquèrent 8 dans un canot parmi lesquels était la femme du chef qui venait nous conduire jusqu'aux Chéboucles qui leur sont amis. M. d'Iberville prit dans sa chaloupe le Caënsa, afin de lui faire découvrir la fourche qui persista toujours à dire qu'il n'y en avait pas, il nous fit entendre que ceux des Ommas qui nous attendaient à leur village, où ils voulaient nous régaler, de l'autre côté de la rivière, n'en étaient éloignés que de deux petites lieues tant la rivière serpente y ayant 18 lieues à faire par eau et pas quatre par terre, il lui fit la carte de toute la rivière des nations qui sont dessus, ayant fait une lieue nous mîmes à terre, tant pour diner que pour interroger les sauvages sur cette branche, ils nous dirent qu'ils n'y en avait pas, après deux heures de réflexion, M. d'Iberville voyant qu'il était inutile de monter plus haut résolut de redescendre le fleuve, et retourner à nos vaisseaux par où nous étions venus. Sur les trois heures, nous nous embarquâmes dans nos chaloupes et nous mîmes pied à terre aux Ommas, aussitôt que nous fûmes arrivés, M. de Bienville avec deux Canadiens monta au village, qui est éloigné du bord de l'eau de deux lieues et demi ou trois lieues par des chemins fort difficiles, nonobstant cela, ils y arrivèrent sur les six heures où il trouva les Bayongoulas que nous avions laissés au bord de l'eau quand nous partîmes, auxquels il demanda s'ils voulaient venir avec nous à leur village et que nous partirions de grand matin, et que nous avions mis à terre aux Ommas pour les prendre, ils promirent qu'ils se rendraient de grand matin au bord de la rivière et que nous descendrions avec eux à leur village, ils partirent sur le champ, et ils arrivèrent à nos tentes sur les huit heures du soir, ils nous dirent que les femmes avaient pleuré notre départ à la peine que nous avions dans un si long voyage, les femmes pleurèrent en nous voyant se resouvenant de leurs pauvres morts, 3 femmes qui arrivèrent peu de temps après chargées de citrouilles à qui M. d'Iberville donna des grelots, ils promirent de retourner le lendemain matin, 3 Bayongoulas arrivèrent chantant qui nous firent mille protestations d'amitié.

Le lundi 23, le chef des Ommas avec deux des principaux vinrent avec une petite croix de bois, chantant autour de notre croix, jetant du tabac dessus et tous ceux du village arrivèrent ensuite, les uns chargés de pain de bled d'Inde, les autres de bled en grain que nous agréâmes, ensuite le chef présenta le calumet comme à l'ordinaire. M. d'Iberville leur donna des haches, couteaux, miroirs, rassade et d'autres choses en récompense de leur bled d'Inde dont ils le remercièrent à leur manière, qui est de crier trois fois étant debout *hô hô hô*, fort long et fort bas, ce village est composé de 6 à 700 personnes qui sont beaucoup plus civilisées et honnêtes que les premiers. M. de Conty y a passé quand il a descendu pour trouver M. de La Salle, l'année 1686 dans le mois d'avril ; ils mettent leurs morts sur des piquets comme ceux de l'autre village, et lorsque quelqu'un tombe malade, il y a deux hommes qui chantent pour chasser le mauvais esprit. L'endroit où nous mîmes pied à terre pour aller au village est élevé de 10 à 12 pieds de hauteur qui inonde dans les débordements de plus d'un pied par dessus la terre qui inonde par la grande quantité d'eau qui vient d'en haut quand les neiges fondent qui est ordinairement à la fin d'avril ou au commencement de mai et par plus de 300 rivières qui se déchargent dans le fleuve et déracine tous les arbres qu'il rencontre dans son chemin, nous le vîmes assez par ceux que nous rencontrâmes dans les rivières qui descendent au gré de son courant et sur une multitude d'ilets noyés qui sont plus de deux lieues à l'est de son embouchure, qui sont couverts d'arbres morts que les vents et les courants jettent dessus ; nous y avons même trouvé l'eau sommate autour de ces ilets tant que sa rapidité est grande, en ce temps là, tout le pays que nous avons vu en montant la rivière inonde, sur les dix heures nous embarquâmes dans nos chaloupes, ils conduisaient MM. d'Iberville et Sauval par dessus les bras, nous leur criâmes trois fois *Vive le roi*, ils nous répondirent à leur manière, nous fîmes dans notre journée 11 lieues, nous vîmes que nous avions abrégé le chemin par le portage que nous fîmes le 18 de plus de 6 lieues, quoiqu'il n'y eut que cent pas à traverser de l'autre côté de la riviere, sur les 6 heures du soir, nous cabanâmes, nous fîmes la chaudière d'un chevreuil que nos canots d'écorce avaient tué en traversant la rivière ; il plut presque toute la journée, ce qui fut cause que le canot des sauvages Bayongoulas qui venait avec nous s'arrêta sur les deux heures de l'après-midi et un de nos canots d'écorce, 12 lieues plus bas au portage que nous avions fait, où ils trouvèrent quantité de crocodiles, et le feu que nous avions fait en passant n'était pas encore éteint.

Le mardi 24, sur les 6 heures du matin, nous nous embarquâmes après 4 lieues de chemin nous trouvâmes le canot des sauvages qui s'était arrêté le jour précédent à cause de la pluie, et notre canot d'écorce un peu plus loin, qui avaient tous d'eux passé par le portage, et avaient par conséquent beaucoup abrégé leur chemin, sur les trois heures du soir, nous trouvâmes une petite rivière qui est comme un lac, n'ayant aucun cours que les sauvages nous montrèrent et nous dirent que c'était le bras d'eau par où ils avaient à la mer, vis-à-vis nos vaisseaux, mais qu'il leur avait fallu faire plusieurs portages, nous mîmes pied à terre à son embouchure, M. d'Iberville s'enfonça un peu dedans, pour voir s'il y avait lieu d'y pouvoir passer nos chaloupes, mais le voyant beaucoup embarrassé par les arbres morts qui étaient tombés dedans, résolut de nous envoyer par où nous étions venus, et lui prit le parti de se rendre à la mer par le canal avec nos deux canots d'écorce, il prit un sauvage avec lui, et ordonna de donner des présents au chef des Bayongoūlas, il porta avec lui des présents pour donner aux Ananis et aux Mantoubés, qui sont dans cette rivière afin de faire alliance avec tout le monde, ce petit canal et son embouchure est sud-est et ouert nord-ouest, et est à quatre lieues au dessus du village des Monyanlachas, la pointe de tribord en entrant peut avoir dix pieds de hauteur, sur le bout de laquelle il y a un grand arbre, la pointe de babord est beaucoup plus basse, n'ayant environ que cinq pieds de hauteur, et est beaucoup plus enfoncée et à 20 pas au large de la pointe, il y a plusieurs arbres dans l'eau que la rapidité de la grande rivière a entraîné, la terre est formée comme un petit enfoncement, et le haut peut avoir dix pas de large, lorsqu'on est à son entrée le fleuve à une pointe qui reste à l'ouest quart de nord-ouest à la portée d'un boucanier, son milieu devient droit au nord jusque par delà cette pointe en montant et à ouest quart de sud-ouest en descendant plus d'une demi-lieue, sur les 9 heures du soir, nous arrivâmes au Monyanlachas, où nous tirâmes en arrivant un coup de pierrier pour avertir les sauvages de notre arrivée, quoique ceux qui étaient avec nous montèrent au village, quelque temps après, plusieurs sauvages vinrent aussitôt à nos tentes chantant, présenter le calumet à M. de Sauval, ils nous dirent que nos deux hommes étaient à leur village, ce qui nous causa une joie qu'on ne saurait exprimer, les croyant morts dans le bois, dans cet intervalle, on prit la besace du père Anastase dans laquelle était son bréviaire et un petit manuscrit de tout ce qui s'était passé dans le voyage, il crut qui s'était embarqué avec lui aux Ommas, parce-qu'il avait toujours les yeux dessus quand il disait son bréviaire, cela le rendit inconsolable.

Le mercredi 25 jour de l'annonciation de la Ste. Vierge, sur les 6 heures du matin, le père Anastase alla avec nos messieurs au village, eux pour des vivres, lui pour dire son bréviaire, il se plaignit au chef que les gens qui étaient venus hier au soir à nos tentes, qu'ils appellent Scouguas, lui avait volé son bréviaire, il connut aussitôt la chose, il fit crier trois fois pour les faire assembler tous, ce qui fut fait dans un instant, il demande à tous s'ils ne l'auraient pas trouvé, durant ce temps là, le père pleurait afin de les toucher d'avantage, ces pauvres gens parurent si déconcertés de cette demande qu'ils s'entreregardèrent sans rien dire, enfin on ne le put trouver, quelque recherche qu'on en fit. Il fut obligé de s'en retourner après avoir été à toutes les cabanes, pleurant parcequ'on voulait partir, on fit entendre au chef que nos messieurs l'attendaient au bord de l'eau, il fit signe qu'on pillait du bléd-d'inde pour nous faire du pain, ce qu'on dit à M. de Sauval qui était commandant en l'absence de M. d'Iberville, pendant ce temps-là on traita un enfant de 12 à 19 ans esclave pour un fusil, une caisse de poudre, un treboure, et quelques balles, ce pauvre enfant avait si grand regret de quitter ces sauvages, quoiqu'il fut esclave qu'il pleurait incessamment sans jamais l'empêcher, le matin que nos messieurs furent au village, le chef des Monyanlachas donna à M. Sauval une lettre de M. de Conty écrite des quinipissas, au mois d'avril 1686 à M. de La Salle par laquelle il marquait qu'il avait descendu le fleuve avec 25 Français, 5 Illinois, et 5 Chaouanous, 2 nations habitées dans la rivière des Illinois où M. de la Salle avait fait bâtir le fort de St. Louis ; et faisant en tout 35 hommes ; il lui marquait qu'ayant appris qu'il avait un vaisseau perdu et qu'il avait guerre avec les sauvages de la mer, il était descendu pour lui donner secours, et lui mandait toutes les nouvelles du Canada, il lui disait ensuite qu'il avait fait la paix avec toutes les nations de la rivière où il avait passé. M. de La Salle était parti de France l'année 1694 pour trouver l'embouchure de la rivière dans le golphe du Mexique, ayant atteré au-dessus comme nous vîmes par le journal d'un pilotte qui était avec lui, il ne la reconnut pas, étant descendu dans le temps que le pays était noyé, et ne l'étant pas lors qu'il y arriva par la mer, ce qui fit qu'il alla plus de huit lieues à l'ouest, parceque les habitants de St. Domingue lui avaient dit que les malles partaient à l'Est, dans le canal de Bahama ce qui est vrai, mais lorsqu'on est enfoui dans le golphe, elles partent à l'ouest, ce qui fut cause de son erreur, et de son malheur; enfin n'en ayant pu apprendre de nouvelles, il s'en retourna, se contentant de laisser cette lettre, et une autre à 8 lieues de la mer dans un arbre ayant envoyé deux de ses canots, l'un à l'ouest et l'autre à l'est, lesquels ayant fait 28 où 30 lieues selon leur vent, l'eau douce leur manquant, M. de Sauval lui donna quelques haches et couteaux pour avoir la lettre, lui laissa le nouveau testament et les images et lui donna même de la poudre qu'il lui demanda, il ne voulut point nous montrer cette lettre en montant le fleuve, nous prenant pour des Espagnols à ce qu'il nous firent entendre, sur les 10 heures nous nous embarquâmes sur nos chaloupes pour descendre le fleuve et arriver à nos navires ; nous leur criâmes trois fois vive le roi, emmenâmes nos deux hommes que des chasseurs, avaient trouvé au bord de la rivière au retour de leur chasse, nous avions vu les même chasseurs, en montant nous perdîmes les deux hommes le 7 du mois comme je l'ai marqué ci-dessus qui furent deux jours dans le bois et dans les cannes, sans jamais venir à bord de l'eau, ne sachant quel chemin prendre, tant la rivière serpente, et les cannes épaisses, ils mangèrent des serpents auxquels ils coupèrent la tête n'ayant rien de quoi subsister, au bout de deux jours, ils trouvèrent notre cabane, ils y demeurèrent jusqu'au lendemain matin, ensuite ils marchèrent le long de la rivière en montant parcequ'ils savaient qu'il y avait un village un peu plus haut, à ce que nous avaient dit les sauvages que nous avions rencontré qui s'en allaient à la chasse, sur les 3 heures en marchant, ils virent deux canots qui descendaient le fleuve, ils les appelèrent, les sauvages vinrent à eux qui leur donnèrent 15 épis de blé d'inde, et de farine de ce même bled, ils leur dirent de rester là sans en branler, et qu'ils les prendraient dans trois jours, ce qui arriva le mercredi 18 et ils les enmenèrent à leur village où ils vinrent le vendredi 20, ils leur donnèrent de la sagamité, chacun un peu de bled d'Inde et une citrouille cuite dans la braise, ils leur faisaient signe de ne guère manger crainte que cela ne leur fît mal, il était pour lors 5 heures, et sur les 7 heures ils mangèrent encore un peu de sagamité qu'ils leur donnèrent, plus de 30 sauvages se rendirent chez le chef où ils étaient qui firent un bruit épouvantable toute la nuit avec des hurlements affreux, afin de s'assembler tous pour faire un espèce de four que le chef avait au milieu de sa case, où étaient les ossements d'un cadavre, la femme du chef entra dans le four, et puis tira les ossements, et la tête qu'elle offrit par trois fois à son mari qui la prit et la mit entre ses jambes, ensuite ils renversèrent le four et brulèrent le bois qui le composait, ensuite ils mirent tous les ossements et la tête dans un panier que quatre hommes portèrent en chantant devant leur mosquée, tous les sauvages suivant, où ils firent plusieurs tours devant la porte et ensuite s'en retournèrent, après le chef mit trois pots d'eau dans une cruche avec des feuilles de lauriers qu'il fit tiédir, ensuite il en prit une tasse qu'il but, et se mit le doigt dans la bouche pour s'exiter à vomir l'eau qu'il avait prise, il fit cela par différentes fois, jusqu'à ce que le pot fut vide, 4 vieilles femmes en firent autant, c'étaient apparemment celles qui avaient touché le cadavre, ils buvaient cette eau, afin de se purifier ; Le lendemain un autre chef du même village en fit autant à un petit enfant qu'il avait chez eux dans une autre four, je crois qu'il n'y a que les chefs qui ont le droit de le faire. Le chef des sauvages traita nos deux hommes avec la plus grande douceur du monde, et s'offrit lui-même avec un vieillard de les mener dans un de leurs canots, jusqu'a nos navires, il leur fit cet offre, en cas que nous n'eussions pas passé par là. Sur les 6 heures du soir, nous cabanâmes près de deux lieues plus bas que l'endroit où nous avions perdu nos gens, nous fimes cette journée là 12 lieues.

Le jeudi, 26, sur les quatre heures du matin, nous nous embarquâmes dans nos chaloupes, où nous déjeunâmes avec de la sagamité que nous avions fait cuire pendant la nuit pour épargner notre pain de bled d'Inde que nous avions pris aux Ommas pour notre diner ; sur les cinq heures et demie, nous mîmes à terre, du côté du tribord en descendant, nous fîmes cette journée là 19 lieues.

Le vendredi 27, sur les six heures nous nous embarquâmes après avoir déjeuné comme à l'ordinaire, sur les cinq heures du soir nous cabanâmes ; le pain que nous mangions était si aigre, et si gâté qu'il était presque impossible d'en manger, nous fîmes 16 lieues ce jour.

Le samedi 28, sur les 6 heures du matin nous partîmes, sur les 10 heures nous trouvâmes deux bras d'eau qui s'entre-trenchaient presque, dont l'un courait au sud-est, et l'autre au sud-ouest, par la trace desquels, M. de Bienville mit à travers pour nous attendre, il demanda à M. de Sauval s'il ne voulait pas sonder, et descendre à la mer, il lui répondit qu'il n'était pas nécessaire, parceque nous voyions la mer du côté de l'ouest où il se perdait, les embouchures paraissaient toutes barrées par une infinité d'arbres, et même des arbres échoués, et que M. son frère lui avait bien donné ordre de sonder un bras d'eau, mais que c'était celui qui se déchargeait du côté de l'est, qui était une demi-lieue plus bas que nous trouvâmes une demi-heure après qui courre droit au nord-est, et il paraissait passées, mais suivre celle de l'ouest, commes nous donnions dedans, nous sondâmes, nous trouvâmes 8 brasses d'eau. Un moment après nous touchâmes, notre chaloupe vint aussitôt par le travers par la rapidité du courant qui se décharge à la mer, l'autre chaloupe qui nous suivait se rama dans la rivière et fut à terre, un de nos gens se jeta à l'eau, et alla porter une amarre à ceux de l'autre chaloupe, qui nous hâlèrent à flot, nous restâmes la quelque temps pour prendre la hauteur, pour savoir au juste la latitude de l'embouchure de la rivière qui n'était éloignée que de deux lieues et demi, et que la rivière courrait presque est et ouest, 27ᵈ 48ᵐ, nous descendîmes une demi heure plus bas, et à une lieue de son embouchure, où nous mîmes à terre pour faire nos tentes à une heure après midi. Nos gens furent à la chasse, tuèrent quelques canards en attendant le lendemain matin pour mettre dehors. Cette rivière court en montant à ouest, nord-ouest, au nord-ouest, comme la cote plus de 12 à 15 lieues, et n'a qu'une langue de terre des deux côtés, ce qui fait qu'elle est inondée, n'ayant pas un pied de terre au dessus de l'eau ; les deux pointes de cette rivière portent plus de 25 lieues au large comme nous vîmes par la hauteur, et forment un grand enfoncement des deux côtés, qui sont remplis d'une multitude innombrable d'ilets noyés parmi lesquels il n'y a rien dessus que quelques joncs piquants ou méchantes herbes, des arbres morts, que les courants et les vents jettent dessus, nous y trouvâmes des chats sauvages un peu plus grands que ceux de l'Europe, qui ont la tête comme un renard. On les tue à coups de bâton, ils sentent beaucoup le marécage et le poisson, ne vivent presque que de cela, et de quelques oiseaux qu'ils peuvent apporter. Je crois qu'ils sont amphibies.

Le dimanche 29, sur les cinq heures du matin, nous nous embarquâmes d'un petit vent d'est, sud est presque tout calme, à mesure que nous approchions de la passe, nous trouvions qu'il assonnissait [1] peu à peu comme 6, 4, 3 brasses, ensuite 14, 13, douze et onze pieds d'eau dans le milieu de la passe, qui brisait des deux côtés, qui n'a pas ses brisants plus de la portée d'un pistolet de large, nous gouvernâmes droit à l'est pour sortir, il nous parut 7 brasses, les deux qui sont du côté du nord nous parurent brisés partout, ce qui nous obligea de prendre celle du sud, où je crois que la mer haute elle peut avoir environ 12 pieds d'eau ; mais il y a presque deux pieds de levée, la mer y était toujours grosse en son embouchure à cause du haut pont et de la rapidité ; en sortant de la passe on trouve 15 et 16 pieds d'eau. Quand nous fûmes un peu au large, nous fîmes le nord tout le long des buttes de terre qui semblent barrer presque toute l'embouchure qui git nord et sud, nous découvrîmes un enfoncement qui courait à l'ouest, et à l'ouest nord-ouest, nous gouvernâmes au nord-ouest deux lieues, les vents se rangent à l'est et à l'est nord d'est, beau temps, nous gouvernâmes au plus près, environ midi nous vîmes un Ilet du vent dont nous pouvions passer au vent à une lieue près de cette Ile à la pointe de l'ouest, nous avions vu une quantité de buissons qui couraient au sud-ouest, et quand nous fûmes à la portée d'un bon boucanier de la pointe de l'ouest de cette Ile, n'étant embarrassé par les brisants, ne voyant pas de terre sous vent, quoique le temps fut fort beau, et

---

1 Ce mot est illisible dans le manuscrit.—*Note du copiste.*

la pointe de l'est étant plus d'une grande lieue au vent, nous résol-
lûmes de passer entre les brisants, et au cas que nous eussions
touché, de nous jeter tous à la mer pour pousser nos chaloupes,
ce qui ne nous est pas arrivé grâce au Seigneur, car nous passâmes
fort facilement, quoiqu'en touchant, on monta au haut de notre
mât pour savoir si l'on ne verrait pas d'autres Ilets pour y cabanner
à la nuit. On ne vit qu'une Ile qui paraissait très grande et remplie
de plusieurs bois, nous y allâmes, mais nous eûmes beaucoup de
peine à aller à terre, n'y ayant pas d'eau, nous échouâmes notre
chaloupe à 15 pas de terre, nos gens se mirent à l'eau, un porta M.
Sauval, en s'en retournant, ils virent plusieurs poissons qu'on
appelle les *faits comme des vases*, ils ont un dard, un piqua un de
nos matelots, la piqure est si dangereuse qn'il pensa perdre la jambe
et ne sera sur pied de deux mois, cette Ile dans son milieu ne gît
que nord est sur 10 lieues de l'embouchure de la rivière.

Le lundi, 30 dès la pointe du jour, les équipages des deux chaloupes poussèrent les deux chaloupes au large l'une après l'autre
qui étaient touchées. La mer ayant perdu plus d'un demi pied,
nous la poussâmes plus de quatre fois leur longueur, nous
nageâmes directement au nord, n'ayant pas de vent du tout, sans
voir de terre, sur les 8 heures nous vîmes une grande Ile devant
nous, entre neuf et dix nous étions par son travers, cette ile est
éloignée de celle où nous couchâmes nord et sud, quatre grandes
lieues, elle s'étend près de lieues au nord, et elle a une autre
pointe qui courre plus de deux lieues au nord et au nord-est quart
d'est, ce qui nous obligea de gouverner à l'est nord est pour la
doubler d'un petit vent de sud, qui commençait à venter sur le
midi ensuite nous fimes le nord est pour passer entre la petite ile
noyée dont nous en laissâmes deux à tribord de nous, sur les quatre
heures, nous arrivâmes au nord-ouest sur une île qui nous paraissait à deux lieues nous laissâmes plusieurs ilets à bas bord de nous
à la vue qui ne sont autre chose qu'une contre côte, qui semblent
comme la grande terre ; comme nous approchions de cette île, nous
vîmes une pointe qui partait au large, nous gouvernâmes au nord
nord-est pour la doubler, ensuite nous fimes le nord quart de nord-
ouest sur une île qui est à deux pieds devant nous où nous arrivâmes sur les six heures du soir ; les vents ayant beaucoup rafraî-
chi nous mîmes à terre en la pointe qui part la plus au large, qui
est haute de sept pieds de coquillage et de sable, que la mer y avait
jetés dans les mauvais temps et tout autour de l'île en est inondé,
nous y fimes un abri-vent pour y passer la nuit, où les maringouins
pensèrent nous manger malgré tout le feu que nous faisions pour
nous en garantir. Sur les 9 heures, nous vimes un grand feu à

nord-ouest qui nous paraissait éloigné, nous ne savions s'il était sur quelques îles, ou sur la grande terre, nous fîmes plusieurs routes cette journée, qui ne nous ont guère valu que le nord cinglé 15 lieues.

Le mardi, 31 sur les 6 heures du matin, nous mîmes à la voile d'un petit vent d'est, sud-est, nous fîmes le nord nord-ouest de peur de passer au large de nos vaisseaux et afin de reconnaitre la rivière après une lieue de route ou même cas de vent, à la rame et à la voile, nous vîmes plusieurs ilets qui formaient un grand enfoncement et entre lesquels il ne paraissait pas de passer, qui semblaient une autre contre-cote étant presque contigue à la grande terre, celle qui était au nord d'est paraissait haute avec de grande herbes dessus nous la reconnûmes pour une ile qui n'a pas deux lieues à l'ouest de nos vaisseaux ce qui nous donna une grande joie, étant près de trouver la fin de la misère que nous avions souffert pendant un aussi terrible voyage. Après que nous eûmes doublé l'ile, nous vîmes nos deux navires à l'est de nous obligés de mettre tout bas à cause que le vent étant contraire et fort, et la mer grande nous ramâmes de jour à nos navires où nous arrivâmes, un peu après midi, nous apprimes que M. d'Iberville était arrivé le matin à la frégate avec les deux canots d'écorce, qui nous avaient quittés plus de 60 lieues dans le fleuve par un petit bras d'eau, qui se déchargeait vis-à-vis nos navires qui n'est autre chose qu'un lac, ils furent obligés de faire plus de 80 portages à cause d'une grande quantité d'herbes qu'ils ont trouvées dans le petit canal entassées les unes sur les autres. Ils nous dit qu'il avait courru de très grands risques à cause d'un nombre infini de crocodiles, qu'il avait trouvés dans les lacs, et nous dit aussi qu'il avait vu aussi plus de 200 taureaux sauvages.

Le même jour, M. d'Iberville détacha Messieurs de la Villanbray et des Ourdis, enseigne, pour aller sonder une seconde fois une rivière qui est à dix lieues à l'est de notre ile où nous étions mouillés, afin d'y pouvoir établir notre petite colonie, n'ayant rien pu faire du côté du fleuve à cause d'un débordement et que le pays est presque inondé.

Le mercredi, 1er avril 1699, sur les dix heures du matin, les deux félouques arrivèrent de leurs découvertes à bord du commandant, auquel ils dirent qu'ils n'y avait pas d'eau. Les vents furent un midi-sud-est avec une brume fort épaisse, qui régnèrent toute la journée jusqu'au sud ouest et la nuit ils vinrent au nord.

Le lundi 2, M. d'Iberville et de Sauval avec les deux felouques partirent l'après-midi pour aller sonder la côte et la rivière qui est à l'ouest de nous, par où il avait descendu, lorsqu'il nous quitta dans le fleuve, les vents continuèrent au nord jusqu'au midi, ensuite sautèrent au sud avec de la brume.

Le vendredi 3. Vent d'est sud-est avec une brume fort épaisse, qui ont calmé sur le midi, et qui ont sauté au nord avec une brume continuelle. Sur les dix heures du soir, ils arrivèrent à bord avec bien de la peine, étant écartés plusieurs fois à cause de l'obscurité, ayant passé au large de l'isle car nous étions mouillé, sans le feu que nous portions dans nos haubans de misaine, la mer était si grande qu'ils manquèrent de se perdre avec le petit bâtiment.

Le samedi 4. Les vents continuèrent au nord, beau frais qui empêcha nos deux byscayennes de partir, et les deux traversiers pour cette rivière, qui est dix lieues à l'est de nous n'ayant rien trouvé de l'autre côté.

Le dimanche 5. Sur les 7 heures du matin, M. d'Iberville, de Surgères et autres officiers majeurs partirent dans deux petis félouques et 40 hommes de chaque vaisseau, tant soldats que charpentiers, matelots, avec plusieurs haches, et autres ferrement pour couper des arbres dans la rivière que M. de Villantray avait dit.

Le lundi 6, Messieurs de l'Esquedet, lieutenant de la Badine de Bienville garde de marine revinrent et rapportèrent qu'on y pouvait pas faire d'habitation à cause qu'il n'y avait pas d'eau sur la barre pour entrer les chaloupes, ce qui désola M. d'Iberville et ces messieurs.

Le mardi 7, M. d'Iberville et Surgères visitant pour trouver un endroit, trouvèrent une petite élévation qui paraissait fort commode, ils sondèrent le bas pour y entrer, ils y trouvèrent 7 à 9 pieds d'eau, ce qui les fit résoudre à y faire entrer les traversiers pour y faire un port, ne trouvant pas d'endroits plus commodes et ne pouvant chercher à cause des vivres dont plusieurs s'étaient trouvé gâtés.

Le mardi 8, on commença à abattre les arbres pour construire le fort, nos gens travaillèrent si vigoureusement qu'à la fin du mois le port fut achevé, les chaloupes y remportèrent pendant ce temps, les poudres, les canons, les balles, les haches, cochons, taureaux, moutons, poulets d'inde, etc., en sorte que les vaisseaux leur laisserait tout ce qu'ils purent ne se réservant que le nécessaire pour retourner, les officiers étaient tours les jours à l'eau dans les chaloupes il y avait toujours un officier major.

Le dimanche 12, jour des rameaux le père Anastase partit avec M. de Beauharnais, enseigne, à quatre heures du matin pour aller dire la messe aux gens qui travaillèrent, mais le vent devint si grand, qu'ils furent obligés de retarder, sur les 11 heures le vent s'étant molli, il partit avec la chaloupe sur les deux heures après-midi, M. de Surgères, revint avec la chaloupe. .

Le jeudi 16, jour du jeudi saint. Le père Anastase partit après avoir dit la messe avec M. de Beauharnois pour faire faire les pâques à ceux qui travaillaient au fort, la chaloupe était chargée de canons et de balles, nous en fûmes pas à une lieue de nos vaisseaux que le vent se leva bien fort, ensuite la pluie vint avec tant d'abondance qu'il fallait deux hommes pour jeter l'eau ; il n'en fallut pas deux doigts que la chaloupe emplit ; nous aurions souhaités être aux vaisseaux ; nous continuâmes cependant notre route en sorte que nous arrivâmes sur les deux heures au port, la pluie continua le vendredi 17 jusqu'au samedi 18 à midi comme si on l'avait jetée par sceaux du ciel, de sorte que la baie qui a 8 lieues de de large devint douce pendant 8 jours de temps, ce qui parait presque incroyable et est cependant très vrai.

Le jour de Pâques 19. Le père Anastase confessa ceux qui se présentaient ensuite dit la messe, et l'après midi les vêpres et le sermon.

Le lundi 20. Sur les 11 heures du matin, le père Anastase après avoir achevé de confesser partit avec M. de Lesquelet pour les vaisseaux, pour faire faire les pâques à ceux qui ne les avaient pas fait ; on continua à travailler fortement au fort, et à déterminer ceux qui y devaient demeurer ; on choisit pour cela les meilleurs hommes des deux détachements de soldat pour mettre avec les Canadiens, les ouvriers, et les matelots qui devaient servir aux traversiers, M. de Sauval, lieutenant de compagnie, et enseigne de vaisseau pour y être gouverneur, M. de Bienville, garde de marine après lui, et M. le Vasseur Canadien.

Le vendredi 1er, jour de mai et le samedi 2 mai 1699. On ramena ceux qui avaient travaillé au fort, il y a quatre bastions, deux sont faits de pièces de bois et quarrés de deux à trois pieds de long les uns sur les autres avec des embrasures, pour mettre du canon et un fossé à l'entour, les deux autres bastions sont faits de pierre fort gros en sorte qu'il fallait quatre hommes pour les porter, il y a d'autres pièces de canon montées à l'entour.

Le dimanche 3, M. de Sauval vint dire adieu à bord sur les 8 heures du matin Il s'embarqua dans la biscayenne en débordant on cria trois fois vive le roy, après la sortie de M. d'Iberville, défila son petit Ramier, et aussitôt nous appareillâmes quoique le vent fut contraire, nous mouillâmes au soir, nous continuâmes notre route fort lentement, étant obligés de faire de temps en temps saphe pour saphe [1], il ne se passa rien de considérable jusqu'au 20, sinon que

1 *Sic.*

nous vîmes un petit vaisseau anglais, nous vîmes ensuite les Tortues sèches et puis Matana.

Le vendredi 22, nous aperçumes trois vaisseaux, nous attendîmes pour les suivre, parceque personne de nous n'avait encore passé le canal de Bahama, étant proche de nous il arborait le pavillon Anglais et nous le pavillon Français. Leur amiral mit la flamme et vint sur nous, étant proche, il nous demanda d'où nous venions, nous lui répondîmes de St Domingue, il nous demanda si le capitaine du roi qui avait péri était sur notre vaisseau, il alla ensuite à l'autre vaisseau, il leur demanda d'où ils venaient, si nous étions ensemble, ils lui répondirent qu'ils venaient de Mississipi autrement Malleautia, voyant que nous répondions ainsi différemment, il nous prit pour des forbans. Le soir s'approchant, il tira un coup de canon, pour avertir les deux autres vaisseaux de se tenir auprès de lui et d'être pendant la nuit sur leurs gardes.

Le samedi 23. M. d'Iberville voulant s'approcher de lui, il fit signe qu'il tirerait du canon, s'il s'approchait d'avantage, en effet les bouts feux étaient allumés et prêts, ils auraient été bien accomodés s'ils avaient commencé, à la fin, ils nous reconnurent et nous firent toutes sortes d'amitiés, s'offrant à nous rendre service en ce que nous aurions de besoin. Depuis ce temps nous les suivîmes ayant toujours vent devant et étant obligé de virer de bord tous les horloges.

Le lundi 25, gros vent devant, notre gouvernail cassa à midi précis et nous arborâmes pavillon rouge, en moins d'une heure, il fut raccommodé ; l'amiral anglais envoya aussitôt sa petite frégate pour nous demander ce que nous avions, nous fit offre de tout ce que nous aurions besoin qu'il était prêt de nous rendre ce service en tout, nous lui dîmes que notre gouvernail avait cassé, mais qu'il était raccomodé que nous le remercions, nous apprîmes un peu après que M. d'Iberville avait eu le même malheur, nous n'en fûmes pas quittes pour cela, à cinq heures et demie du soir, comme nous allions souper, nous entendimes tirer trois coups de canon par l'amiral des anglais pour nous avertir que nous allions tomber sur des bancs de sable ; eu effet, nous n'eûmes que le temps de virer de bord voyant le banc de sable, nous eûmes à la vérité grande peur et sans gasconnade, nous fûmes trop heureux d'être dans la compagnie des anglais ayant suivi durant le canal la même manœuvre qu'eux.

Le mardi 27, nous vimes que nous étions passés et en remerciâmes Dieu, tous nos gens ayant été extrêmement fatigués, parcequ'ils avaient toujours été debout, le vent devint ensuite favorable nous quittâmes bientôt les anglais, nos frégates allaient beaucoup mieux que les leurs, nous fîmes presque toujours, l'est nord est, beau temps jusqu'au mercredi dixième jour de juin.

Le mercredi 10 juin, vent de sud-ouest depuis minuit et demi est fort violent, en sorte que le matin ayant cargué toutes les huniers on laissa seulement les deux grandes voiles. Sur le midi, le vent augmenta tellement qu'on serra la grande voile et on prit les ris dans la misaine, et fîmes vent arrière ; sur les deux heures, le vent fut si violent que le vaisseau ne gouvernait plus, la mer passait pardessus tout nageant entre deux ponts, les matelots étaient si fatigués qu'ils n'en pouvaient plus, on jetta toute la dunette à la mer, ensuite on vira au cabestan, on aurait jeté les canons, si on avait craint d'enfoncer le vaisseau. Enfin après trois quarts d'heure entre deux eaux sans pouvoir gouverner le vaisseau, il commença à arriver et se relever, nous crûmes tous que c'était notre dernier jour, jamais on a eu plus de peur, deux de nos gens moururent à cause de l'eau qui avait été entre deux ponts. La *Badine* n'eut pas le même malheur que nous, ce qui a fait que nous nous séparâmes et ne le revîmes qu'à Rochefort.

Depuis ce temps là, nous eûmes toujours bon vent, nous mouillâmes à la rade de *Chefdebois*, mardi, dernier jour de juin.

Le mercredi 1er juillet. On transporta nos malades dans nos barques à l'hôpital de Rochefort, il était temps d'arriver, les deux tiers de nos gens étaient hors d'état de travailler.

Le jeudi 2, sur les 10 heures, nous levâmes la mer, et allâmes mouiller à l'Ile d'Aix, ensuite nous entrâmes à Rochefort.

(FIN.)